KB096310

화이트칼라의 생존 전략

챗 GPT 의 위협과 선물

저자 윤종완 jongwanyun@gmail.com

KAIST에서 운영체제를 전공하고 검색 전문 솔루션 업체인 와이즈넛에서 상업용 한국어 검색 엔진을 개발하였다. 이후 게임 업체인 엔씨소프트에서 대용량 게임 데이터 처리 플랫폼을 개발하고 운영하였다. 현재 ABXY Games를 창업하여 운영 중이다.

챗GPT의 위협과 선물: 화이트칼라의 생존전략

발 행 | 2023년 03월 06일

저 자 | 윤종완

펴낸이 | 한건희

펴낸곳 | 주식회사부크크

출판사등록 | 2014.07.15(제2014-16호)

주 소 | 서울특별시 금천구 가산디지털1로 119 SK트윈타워 A동 305호

전 화 | 1670-8316

이메일 | info@bookk.co.kr

ISBN | 979-11-410-1888-7

www.bookk.co.kr

화이트칼라의 생존 전략

챗GPT의
위협과 선물

윤종완 지음

CONTENT

밤과 낮을 가리지 않고 집요한 질문들에 성실하게 대답해준 챗GPT에 감사를 드립니다. 1도 관심 없는 챗GPT 이야기를 꾹 참고 들어준 사랑하는 가족들에게 이 책을 바칩니다.

들어가며

비즈니스 세계는 지난 세기 동안 일련의 극적인 변화를 겪었으며 각 시대는 새로운 기술, 새로운 비즈니스 모델 및 새로운 작업 방식으로 특징지어졌습니다. 1980년대 초반에 대부분의 화이트칼라 직업을 남성이 맡았고 많은 사람들이 부기 및 기록 관리와 같은 행정 업무에 묶여 있었습니다. 20세기 중반에 서비스 경제가 부상하면서 화이트칼라 직업이 영업, 마케팅, 고객 서비스 역할로 이동하기 시작했습니다.

하지만 아마도 가장 큰 변화는 컴퓨터의 출현과 함께 찾아왔을 것입니다. 그리고 디지털 시대의 도래. 자동화와 빅데이터의 힘 덕분에 한때 전체 작업자 팀이 필요했던 작업을 갑자기 한 사람이 완료할 수 있게 되었습니다. 이러한 변화는 현재 데이터 분석 및 의사 결정과 같은 훨씬 더 복잡한 작업을 자동화하는 데 인공 지능 및 머신 러닝의 등장으로 계속해서 가속화되고 있습니다.

여기에서 생산성과 경쟁력을 유지하려면 새로운 환경에서 사무직 근로자는 새로운 수준의 생산성, 창의성 및 혁신을 실현하는 데 도움이 되는 미래 기술을 기꺼이 배워야 합니다. 이러한 기술에는 데이터 분석, 인공 지능 및 머신 러닝, 고급 커뮤니케이션 및 협업 도구가 포함됩니다.

오늘날 사무직 근로자가 사용할 수 있는 가장 강력한 도구 중 하나는 거대한 언어 모델입니다. 챗GPT와 같은 모델은 대량의 데이터를 분석하고, 통찰력 있는 보고서 및 요약을 생성하고, 개인화된 추천을 제공하여 생산성과 효율성을 향상시키는 기능이 있습니다. 이러한 도구를 활용하면 사무직 근로자는 시간과 리소스를 확보하여 전략 계획 및 관계 구축과 같은 더 높은 수준의 작업에 집중할 수 있습니다.

그러나 이러한 도구의 이점을 진정으로 누리려면 화이트칼라 근로자는 그것들을 효과적으로 사용하는 방법을 배우려는 의지가 있어야 합니다. 즉, 시간을 들여 AI와 머신 러닝을 자세히 배우고 가상 환경에서 다른 작업자와 효과적으로 협업하는 데 필요한 기술을 개발해야 합니다.

물론 이 프로세스에 문제가 없는 것은 아닙니다. . 변화의 속도는 압도적일 수 있으며 최신 트렌드와 모범 사례를 따라가기가 어려울 수 있습니다. 그러나 기꺼이 배우고 적응하려는 사람들은 한때 불가능하다고 생각했던 새로운 수준의 생산성과 효율성을 실현할 수 있습니다.

현상 유지의 끝이 다가오고 있으며 미래는 포용하려는 사람들의 것입니다. 미래의 기술을 배우고 거대한 언어 모델과 같은 도구를 활용함으로써 사무직 근로자는 AI 시대에 생산성과 경쟁력을 유지할 수 있습니다. 기회는 기꺼이 포착하려는 사람에게 있습니다. 문제는 성공을 위해 필요한 일을 할 준비가 되셨습니까?

주의 사항

이 책에서 설명하는 챗GPT는 2023년 2월 버전입니다. 서비스가 개편됨에 따라 본 책에서 언급된 프롬프트의 출력이 달라질 수 있습니다. 이 책에서 챗GPT의 사용자 인터페이스에 입력하는 프롬프트는 아래와 같은 폰트로 표기합니다.

프롬프트:
챗GPT는 화이트 칼라에게 위협인가 선물인가 논증하라.

파괴적 기술

최근 컴퓨팅 성능의 발전, 신경망 아키텍처의 개선, 대량의 데이터 가용성 등 여러 가지 요인으로 인해 대규모 언어 모델의 성능이 향상되었습니다.

대규모 언어 모델의 성능을 향상시킨 주요 요인 중 하나는 그래픽 처리 장치(GPU) 및 텐서 처리 장치(TPU)와 같은 더욱 강력한 컴퓨팅 리소스의 가용성입니다. 이러한 특수 프로세서는 심층 신경망에 필요한 대량의 데이터와 복잡한 계산을 처리할 수 있으므로 더 크고 복잡한 모델을 학습시킬 수 있습니다.

또 다른 중요한 요소는 GPT 모델에 사용되는 트랜스포머 아키텍처와 같은 새로운 신경망 아키텍처의 개발입니다. 이러한 아키텍처를 사용하면 대량의 텍스트 데이터를 보다 효과적으로 처리할 수 있으므로 모델이 더 많은 문맥에서 학습하고 더 정확한 예측을 생성할 수 있습니다.

대용량 텍스트 데이터의 가용성도 대규모 언어 모델의 성능 향상에 중요한 역할을 했습니다. 인터넷의 성장과 함께 다양한 언어로 제공되는 텍스트 데이터가 풍부해지면서 방대한 양의 다양한 텍스트 데이터로 모델을 학습시킬 수 있게 되었습니다.

이러한 기술적 요인 외에도 대규모 언어 모델의 성능을 개선하는 데 초점을 맞춘 연구도 상당수 진행되었습니다. 연구자들은 모델을 미세 조정하고 편향성 및 공정성 등의 문제를 해결하며 일관되고 관련성 있는 텍스트를 생성하는 능력을 향상시키기 위한 새로운 기술을 개발했습니다.

전반적으로 대규모 언어 모델의 성능 향상은 기술 발전, 데이터 가용성, 자연어 처리 분야의 지속적인 연구 및 개발이 결합된 결과라고 할 수 있습니다. 이러한 추세가 지속됨에 따라 대규모 언어 모델의 정확도와 효율성이 더욱 향상되어 콘텐츠 제작, 언어 번역, 챗봇 등의 분야에서 새로운 가능성을 열 것으로 기대할 수 있습니다.

인공 지능(AI: Artificial Intelligence)

인공 지능은 일반적으로 인간의 지능이 필요한 작업을 기계가 수행할 수 있는 능력을 말합니다. 여기에는 지각, 추론, 학습, 문제 해결, 의사 결정과 같은 작업이 포함됩니다. AI는 알고리즘과 계산 기술을 사용하여 기계가 데이터로부터 학습하고 패턴을 인식하며 의사 결정을 내릴 수 있도록 합니다.

규칙 기반 시스템, 머신 러닝, 딥 러닝, 자연어 처리 등 AI를 구축하는 데는 다양한 접근 방식이 있습니다. 각 접근 방식에는 고유한 장단점이 있으며, 접근 방식 선택은 해결하려는 특정 문제에 따라 달라집니다.

AI의 주요 강점 중 하나는 방대한 양의 데이터를 매우 짧은 시간 내에 처리하고 분석할 수 있다는 점입니다. 이를 통해 의료, 금융, 마케팅 등의 분야에서 패턴을 식별하고 예측할 수 있습니다.

AI는 이미 자율주행차, 음성 비서, 안면 인식 시스템, 이미지 및 음성 인식 등 다양한 분야에서 활용되고 있습니다. AI는 의료, 운송, 제조, 금융 등 다양한 산업을 혁신하고 기업과 개인에게 새로운 기회를 창출할 수 있는 잠재력을 가지고 있습니다.

자연어 처리(NLP: Natural Language Processing)

자연어 처리는 자연어를 사용하는 인간과 컴퓨터 간의 상호 작용에 초점을 맞춘 인공 지능의 하위 분야입니다. NLP는 알고리즘과 계산 기술을 사용하여 기계가 인간의 언어를 이해하고, 해석하고, 생성할 수 있도록 합니다.

NLP는 언어 번역, 감정 분석, 챗봇, 텍스트 요약, 음성 인식 등과 같은 다양한 작업을 수행할 수 있는 애플리케이션을 구축하는 데 사용됩니다. NLP의 주요 목표는 인간의 언어를 최대한 정확하고 효율적으로 이해하고 해석할 수 있는 기계를 만드는 것입니다.

자연어 처리의 핵심 과제 중 하나는 자연어의 복잡성과 가변성을 다루는 것입니다. 인간의 언어는 항상 직관적인 것은 아니며 상황에 따라 크게 달라질 수 있고 문법, 구문, 어휘 측면에서 많은 변형이 있습니다. NLP 알고리즘은 정확하고 효율적인 방식으로 이러한 변형을 처리하고 해석할 수 있어야 합니다.

이를 달성하기 위해 NLP 기술에는 일반적으로 통계 모델, 머신 러닝 알고리즘 및 규칙 기반 시스템의 조합이 포함됩니다. 이러한 기술을 통해 기계는 인간 언어의 다양한 맥락과 변형을 학습하고 적응할 수 있으므로 다양한 언어 관련 작업을 수행할 수 있는 애플리케이션을 구축할 수 있습니다.

자연어 처리 기술은 빠르게 진화하는 분야이며, 기술의 발전으로 기업과 개인에게 새로운 기회가 열리고 있습니다. NLP 기술이 계속 발전함에 따라 점점 더 정교한 방식으로 인간의 언어를 이해하고 상호 작용할 수 있는 애플리케이션이 점점 더 많이 등장할 것으로 예상됩니다.

언어 모델(Language Model)

언어 모델은 주어진 언어에서 일련의 단어가 나올 확률을 예측할 수 있는 일종의 인공 지능 시스템입니다. 이 모델은 대량의 텍스트 데이터로 학습되며 통계적 기법을 사용하여 언어의 패턴과 구조를 학습합니다.

언어 모델은 일반적으로 음성 인식, 기계 번역, 텍스트 음성 변환과 같은 자연어 처리 애플리케이션에 사용됩니다. 언어 모델은 사람과 유사한 텍스트를 생성하고, 서면 또는 음성 언어의 오류를 식별 및 수정하고, 텍스트에서 의미를 추출하는 데 사용할 수 있습니다.

언어 모델의 주요 기능 중 하나는 단어 시퀀스의 확률을 예측하는 기능입니다. 이는 학습 데이터에서 단어 간의 패턴과 관계를 식별하는 모델의 능력에 기반합니다. 그런 다음 모델은 이 정보를 사용하여 지금까지 받은 입력을 기반으로 가능한 다음 단어 집합에 대한 확률 분포를 생성할 수 있습니다.

언어 모델은 n-그램, 마르코프 모델, 신경망 등 다양한 기법을 사용하여 학습할 수 있습니다. 특히 신경망 기반 언어 모델은 최근 몇 년 동안 크게 개선되어 GPT-3와 같은 모델이 다양한 자연어 처리 작업에서 최첨단 성능을 달성하고 있습니다.

언어 모델은 챗봇, 텍스트 예측, 콘텐츠 생성 등의 분야에서 실용적으로 많이 활용되고 있습니다. 언어 모델은 자연어 처리 시스템의 정확성과 효율성을 개선하고 기업과 개인에게 새로운 기회를 창출할 수 있는 잠재력을 가지고 있습니다. 동시에 언어 모델의 윤리적,

사회적 영향, 특히 데이터 프라이버시, 허위 정보, 고용 시장에 미칠 수 있는 잠재적 영향에 대한 우려도 존재합니다.

인공 신경망(ANN: Artificial Neural Network)

인공 신경망(ANN)은 인간 두뇌의 구조와 기능을 모델로 한 머신 러닝 알고리즘의 일종입니다. 상호 연결된 처리 장치 또는 뉴런으로 구성되며, 뉴런은 계층으로 구성됩니다. ANN은 데이터를 통해 학습하고 해당 데이터를 기반으로 예측 또는 결정을 내릴 수 있도록 설계되었습니다.

ANN의 기본 구성 요소는 뉴런으로, 다른 뉴런으로부터 입력을 받아 수학적 함수를 사용하여 입력을 처리한 다음 출력을 생성합니다. 뉴런은 레이어로 구성되며, 각 레이어는 서로 다른 유형의 계산을 수행합니다. 입력 레이어는 입력 데이터를 수신하고 출력 레이어는 최종 예측 또는 결정을 내립니다. 그 사이에 있는 레이어를 숨겨진 레이어라고 하며, 이 레이어는 입력 데이터에 다양한 변환을 수행합니다.

훈련 과정에서 인공 신경망은 예측된 출력과 실제 출력 간의 차이를 최소화하기 위해 뉴런 간의 가중치를 조정합니다. 이는 일반적으로 출력 계층의 오류를 네트워크를 통해 다시 전파하고 각 뉴런이 기여한 오류의 양에 따라 가중치를 조정하는 역전파라는 기술을 사용하여 수행됩니다.

ANN는 이미지 인식, 음성 인식, 자연어 처리, 예측 분석 등 다양한 애플리케이션에 사용됩니다. 새로운 데이터를 학습하고 적응할 수 있기 때문에 많은 양의 데이터와 복잡한 패턴이 포함된 작업에 적합합니다.

피드포워드 네트워크, 컨볼루션 네트워크, 순환 네트워크 등 다양한 유형의 ANN이 있습니다. 각 유형에는 고유한 장단점이 있으며, 네트워크 선택은 해결하고자 하는 특정 문제에 따라 달라집니다.

전반적으로 인공 신경망은 다양하고 복잡한 문제를 해결하는 데 사용할 수 있는 강력하고 다재다능한 머신 러닝 알고리즘입니다. 끊임없이 진화하고 있으며, 기술의 발전으로 의료, 금융, 마케팅 등의 분야에서 기업과 개인에게 새로운 기회가 열리고 있습니다.

트랜스포머 아키텍처(Transformer Architecture)

트랜스포머 아키텍처는 자연어 처리에 널리 채택된 신경망의 일종으로, GPT-3와 같이 현재까지 가장 강력한 언어 모델을 구축하는 데 사용되었습니다. 트랜스포머 아키텍처는 장기 종속성을 포착하고 가변 길이 시퀀스를 모델링하는 데 어려움을 겪는 순환 신경망(RNN) 및 합성곱 신경망(CNN)과 같은 이전 신경망 아키텍처의 일부 한계를 해결하기 위해 설계되었습니다.

트랜스포머 아키텍처는 모델이 예측을 하거나 출력을 생성할 때 입력 시퀀스의 다른 부분에도 주의를 기울일 수 있도록 하는 자기 주의 개념을 기반으로 합니다. 이는 현재 출력과의 관련성을 기반으로 입력 시퀀스의 각 요소에 대한 주의 가중치를 계산하는 자체 주의 레이어라는 메커니즘을 통해 이루어집니다.

또한 트랜스포머 아키텍처에는 모델이 여러 관점에서 입력 시퀀스에 주의를 기울일 수 있는 다중 헤드 주의 메커니즘과 모델이 입력과 출력 간의 비선형 관계를 학습할 수 있는 피드 포워드 네트워크가 포함되어 있습니다.

트랜스포머 아키텍처의 주요 이점 중 하나는 대량의 텍스트 데이터를 효율적으로 처리하고 분석할 수 있다는 점이며, 이를 통해 GPT-3와 같은 대규모 언어 모델을 학습시킬 수 있습니다. 또한 이 아키텍처는 병렬화가 가능하기 때문에 최신 컴퓨팅 하드웨어를 활용하고 학습 프로세스의 속도를 높일 수 있습니다.

트랜스포머 아키텍처는 자연어 처리 분야에 큰 영향을 미쳤으며, 더욱 강력하고 정확한 언어 모델을 개발할 수 있게 해 주었습니다. 기술이 계속 발전함에 따라 언어 번역, 질문 답변, 콘텐츠 생성 등 다양한 자연어 처리 작업에 트랜스포머 아키텍처를 적용하는 데 있어 더 많은 혁신을 기대할 수 있습니다.

인공 신경망 연산칩

인공 신경망(ANN)을 학습시키는 과정에는 수많은 복잡한 수학적 계산이 포함되며, 이는 매우 계산 집약적일 수 있습니다. 따라서 훈련 과정을 가속화하고 인공 신경망의 성능을 개선하기 위해 특수 하드웨어가 사용되는 경우가 많습니다. ANN을 계산하기 위해 특별히 설계된 여러 유형의 칩이 있으며, 각 칩에는 고유한 장단점이 있습니다.

ANN 계산에 사용되는 칩의 한 유형은 그래픽 처리 장치(GPU)입니다. GPU는 원래 그래픽 렌더링용으로 설계된 특수 프로세서이지만, ANN 학습에 필요한 행렬 연산을 수행하는 데 매우 적합합니다. GPU는 병렬 처리가 가능하기 때문에 많은 연산을 동시에 수행할 수 있으며, 대량의 데이터를 처리할 수 있습니다. TensorFlow 및 PyTorch와 같은 많은 딥 러닝 프레임워크는 GPU와 함께 작동하도록 설계되어 딥 러닝 애플리케이션에 널리 사용되고 있습니다.

ANN 계산에 사용되는 또 다른 유형의 칩은 텐서 처리 장치(TPU)입니다. TPU는 머신 러닝 워크로드 가속화를 위해 Google에서 특별히 개발한 맞춤형 프로세서입니다. ANN 훈련에 필요한 행렬 연산 유형에 최적화되어 있으며 GPU보다 더 빠르고 효율적으로 계산을 수행할 수 있습니다. TPU는 텐서플로와 함께 작동하도록 설계되어 Google 클라우드 플랫폼에서 딥 러닝을 위한 인기 있는 선택입니다.

필드 프로그래머블 게이트 어레이(FPGA)는 ANN 계산에 사용되는 또 다른 유형의 칩입니다. FPGA는 특정 애플리케이션에 맞게 사용자 정의할 수 있는 프로그래밍 가능한 집적 회로입니다. 병렬화가 가능한 고도의 연산을 수행하는 데 적합하므로 ANN에 적합한 선택입니다. FPGA는 GPU나 TPU보다 유연하고 특정 애플리케이션에 맞게 조정할 수 있지만, 프로그래밍하기가 더 어렵고 효과적으로 사용하려면 더 많은 전문 지식이 필요합니다.

전반적으로 인공 신경망 계산을 위한 특수 칩은 훈련 프로세스를 크게 가속화하고 ANN의 성능을 향상시킬 수 있습니다. 칩의 선택은 애플리케이션의 특정 요구 사항과 비용, 사용 편의성, 가용성 등의 요소에 따라 달라집니다. 딥 러닝의 인기가 계속 높아짐에 따라

ANN 계산을 위한 특수 하드웨어의 혁신이 더 많이 이루어질 것으로 예상됩니다.

대규모 언어 모델 (LLM: Large Language Model)

대규모 언어 모델은 인간의 언어와 유사하지만 훨씬 더 정교하고 정확한 텍스트를 생성하도록 설계된 일종의 기계 학습 모델입니다. 대규모 언어 모델은 신경망과 같은 딥러닝 기술을 사용하여 데이터의 복잡한 패턴과 관계를 모델링합니다. 이를 통해 일관성 있고 문맥에 적합할 뿐만 아니라 매우 설득력 있고 자연스러운 텍스트를 생성할 수 있습니다.

대규모 언어 모델과 기존 언어 모델의 주요 차이점은 학습되는 데이터의 양에 있습니다. 대규모 언어 모델은 일반적으로 Wikipedia나 인터넷의 전체 콘텐츠와 같은 방대한 텍스트 데이터 세트를 학습합니다. 이를 통해 방대한 범위의 패턴과 단어 간의 관계를 학습하고 사람이 쓴 글과 거의 구별할 수 없는 텍스트를 생성할 수 있습니다.

대규모 언어 모델의 주요 응용 분야 중 하나는 자동화된 콘텐츠 생성입니다. 예를 들어, 대규모 언어 모델을 학습시켜 뉴스 기사나 제품 설명을 작성하도록 함으로써 기업이 고품질 콘텐츠를 대규모로 생성할 수 있도록 할 수 있습니다. 또한 가상 비서 및 챗봇을 위한 텍스트를 생성하는 데에도 사용할 수 있어 이러한 시스템이 자연어 쿼리를 이해하고 이에 응답할 수 있습니다.

가장 잘 알려진 대규모 언어 모델 중 하나는 OpenAI에서 개발한 GPT-3입니다. GPT-3는 방대한 텍스트 데이터 세트를 학습하여 사람이 쓴 글과 거의 구별할 수 없는 텍스트를 생성할 수 있습니다. 자동화된 콘텐츠 생성부터 가상 비서 및 챗봇에 이르기까지 다양한 애플리케이션에 사용되고 있습니다.

많은 이점에도 불구하고 대규모 언어 모델에는 잠재적인 위험도 있습니다. 한 가지 우려되는 점은 이러한 모델이 잘못된 정보나 오해의 소지가 있는 콘텐츠를 생성하여 기업, 정부 및 개인에게 부정적인 결과를 초래할 수 있다는 점입니다. 또한 대규모 언어 모델이 사실이지만 가짜 뉴스나 선전을 만드는 데 사용되어 여론에 영향을 미치거나 허위 정보를 퍼뜨리는 데 사용될 수 있다는 우려도 있습니다.

전반적으로 대규모 언어 모델은 자연어 처리 분야에서 중요한 돌파구이며 많은 산업 분야에 혁신을 일으킬 잠재력을 가지고 있습니다. 그러나 다른 강력한 기술과 마찬가지로 잠재적인 위험을 인식하고 책임감 있고 윤리적으로 사용할 수 있도록 조치를 취하는 것이 중요합니다.

기계 번역과 대규모 언어 모델 차이점

기계 번역과 대규모 언어 모델은 모두 자연어 처리 분야에서 중요한 기술이지만 서로 다른 용도로 사용되며 작동 방식도 다릅니다.

기계 번역은 텍스트나 음성을 한 언어에서 다른 언어로 자동 번역할 수 있는 소프트웨어의 일종입니다. 일반적으로 통계적 기법을 사용하여 입력 텍스트의 패턴을 식별한 다음 대상 언어로 해당 출력을 생성합니다. 기계 번역은 일반적으로 언어 로컬라이제이션, 다국어 커뮤니케이션, 콘텐츠 번역과 같은 애플리케이션에서 사용됩니다.

반면에 대규모 언어 모델은 방대한 양의 텍스트 데이터로 학습된 일종의 신경망으로, 텍스트 기반 프롬프트에 대해 사람과 유사한 응답을 생성할 수 있습니다. 대규모 언어 모델은 트랜스포머 네트워크를 비롯한 다양한 기술을 사용하여 입력 텍스트를 분석 및 처리한 다음 해당 출력을 생성합니다.

기계 번역과 대규모 언어 모델 모두 자연어 처리를 포함하지만, 그 초점과 기능 면에서 차이가 있습니다. 기계 번역은 텍스트나 음성을 한 언어에서 다른 언어로 번역하도록 특별히 설계된 반면, 대규모 언어 모델은 텍스트 기반 프롬프트에 대해 사람과 유사한 응답을 생성하도록 보다 일반적으로 설계되었습니다.

두 기술의 또 다른 주요 차이점은 학습 방식입니다. 기계 번역은 일반적으로 소스 언어와 대상 언어의 텍스트 쌍으로 구성된 대규모 병렬 코퍼스를 사용합니다. 반면 대규모 언어 모델은 단일 언어의 대량의 텍스트 데이터로 학습됩니다.

요약하면 기계 번역과 대규모 언어 모델은 모두 중요한 자연어 처리 기술이지만, 초점과 기능이 다르고 작동 방식이 다릅니다. 기계 번역은 텍스트나 음성을 한 언어에서 다른 언어로 번역하도록 설계된 반면, 대규모 언어 모델은 텍스트 기반 프롬프트에 대해 사람과 유사한 응답을 생성하도록 설계되었습니다.

검색과 대규모 언어 모델의 차이점

대규모 언어 모델과 검색 엔진은 모두 텍스트 기반 데이터를 처리하고 분석하는 데 사용되는 기술이지만, 서로 다른 용도로 사용되며 작동 방식도 다릅니다.

GPT-3와 같은 대규모 언어 모델은 방대한 양의 텍스트 데이터로 학습된 신경망의 일종으로, 텍스트 기반 프롬프트에 대해 사람과 유사한 응답을 생성할 수 있습니다. 이러한 모델은 트랜스포머 네트워크를 비롯한 다양한 기술을 사용하여 입력 텍스트를 분석 및 처리한 다음 해당 출력을 생성합니다. 대규모 언어 모델은 주로 사람과 유사한 텍스트를 생성하도록 설계되었으며 챗봇, 콘텐츠 제작, 언어 번역과 같은 자연어 처리 작업에 많이 활용됩니다.

반면에 검색 엔진은 사용자가 인터넷이나 기타 디지털 소스에서 정보를 찾을 수 있도록 도와주는 소프트웨어 애플리케이션입니다. 검색 엔진은 대량의 콘텐츠를 색인화하고 알고리즘을 사용하여 사용자의 검색어와의 관련성에 따라 해당 콘텐츠를 분석하고 순위를 매기는 방식으로 작동합니다. 검색 엔진은 사용자의 검색어에 대한 응답으로 가장 관련성이 높고 유용한 정보를 사용자에게 제공하도록 설계되었으며, 전자상거래, 콘텐츠 검색, 리서치 등의 분야에서 다양하게 활용되고 있습니다.

대규모 언어 모델과 검색 엔진 모두 텍스트 기반 데이터의 처리 및 분석에 관여하지만, 그 초점과 기능에는 차이가 있습니다. 대규모 언어 모델은 텍스트 기반 프롬프트에 대해 사람과 유사한 응답을 생성하도록 설계된 반면, 검색 엔진은 사용자가 검색어와 관련된 정보를 찾을 수 있도록 돕기 위해 설계되었습니다. 또한 대규모 언어 모델은 단일 언어의 방대한 텍스트 데이터로 학습되지만, 검색 엔진은 다양한 언어와 소스의 콘텐츠를 색인화하고 분석할 수 있어야 합니다.

GPT (Generative Pre-trained Transformer)

GPT는 트랜스포머 아키텍처를 사용하여 방대한 양의 텍스트 데이터에 대해 학습된 OpenAI에서 개발한 대규모 언어 모델 제품군입니다. GPT 모델은 텍스트 기반 프롬프트에 대해 사람과 유사한 응답을 생성하도록 설계되었으며 챗봇, 콘텐츠 제작, 언어 번역과 같은 자연어 처리 작업에 다양하게 활용되고 있습니다.

첫 번째 GPT 모델인 GPT-1은 2018년에 출시되었으며 1억 1,700만 개의 파라미터를 포함했습니다. 이후 OpenAI는 15억 개의 파라미터를 포함하는 GPT-2와 무려 1750억 개의 파라미터를 포함하는 GPT-3 등 여러 대형 모델을 출시했습니다. 이러한 대규모 모델은 자연어 처리의 새로운 기준을 세웠으며 광범위한 텍스트 기반 프롬프트에 대해 매우 일관성 있고 관련성 높은 응답을 생성할 수 있습니다.

GPT 모델의 주요 특징 중 하나는 대량의 텍스트 데이터를 효율적으로 처리하고 분석할 수 있는 트랜스포머 아키텍처를 사용한다는 점입니다. 또한 GPT 모델에는 정확성과 일관성을 개선하기 위한 여러 가지 기술이 통합되어 있습니다.

GPT 모델은 언어 번역, 콘텐츠 제작, 챗봇 등 다양한 분야에 실용적으로 활용되고 있습니다. 사람이 쓴 텍스트와 거의 구별할 수 없는 고품질 텍스트를 생성할 수 있어 자연어 처리 작업에 강력한 도구가 될 수 있습니다. 그러나 GPT 모델은 복잡하고 계산 집약적이기 때문에 효과적으로 학습하고 사용하려면 특수 하드웨어와 전문 지식이 필요합니다.

로봇의 귀와 입

대규모 언어 모델은 로봇 시스템의 구성 요소로 사용되는 경우가 많다는 점에서 대규모 언어 모델과 로봇은 서로 연결되어 있습니다. 특히 대규모 언어 모델은 로봇에 자연어 처리 기능을 제공하여 로봇이 사람의 말을 실시간으로 이해하고 응답할 수 있도록 하는 데 사용될 수 있습니다.

로봇 시스템에서 대규모 언어 모델은 일반적으로 음성 인식 및 텍스트 음성 합성 기술과 함께 사용되어 인간과 로봇 간의 자연어 상호 작용을 가능하게 합니다. 예를 들어, 로봇은 대규모 언어 모델을 사용하여 사람의 음성 질문을 이해하고, 언어를 처리하여 질문의 의도를 파악한 다음, 텍스트 음성 합성을 사용하여 적절한 응답을 생성할 수 있습니다.

대규모 언어 모델은 텍스트 기반 채팅 인터페이스나 자연어 명령 및 제어 시스템과 같은 다른 유형의 언어 기반 로봇과의 상호 작용을 가능하게 하는 데에도 사용할 수 있습니다. 이러한 경우 대규모 언어 모델은 사용자의 입력을 처리 및 이해하고 해당 입력에 따라 적절한 응답이나 작업을 생성하는 데 사용됩니다.

전반적으로 대규모 언어 모델과 로봇의 연결은 자연어 처리 및 이해를 사용하여 인간과 기계 간의 보다 원활하고 직관적인 상호 작용을 가능하게 한다는 아이디어에 기반을 두고 있습니다. 대규모 언어 모델이 계속 개선됨에 따라 정교한 로봇 시스템 개발에서 점점 더 중요한 역할을 할 것으로 보입니다.

로봇과 대규모 언어 모델의 결합은 새롭고 예상치 못한 애플리케이션에 대한 광범위한 가능성을 제공합니다. 몇 가지 가능성은 다음과 같습니다:

개인화된 로봇: 대규모 언어 모델의 도움으로 로봇은 개인의 선호도를 학습하고 이해하여 그에 따라 행동을 조정할 수 있습니다. 이를 통해 사용자와 더욱 맞춤화된 방식으로 상호 작용할 수 있는 개인화된 로봇의 가능성이 열립니다.

교육: 로봇은 교육 분야에서 개인 맞춤형 과외를 제공하는 데 사용될 수 있으며, 대규모 언어 모델은 로봇이 학생의 요구를 더 잘 이해하고 이에 대응하는 데 도움이 될 수 있습니다. 또한 자연어 처리 기능을 갖춘 로봇은 학생들의 언어 습득과 언어 치료를 도울 수 있습니다.

노인 돌봄: 대규모 언어 모델을 갖춘 로봇은 노인을 돌보고 말동무를 제공하는 데 사용될 수 있습니다. 예를 들어, 로봇은 복약 알림을 제공하거나 일상 활동을 돕거나 단순히 대화에 참여하여 외로움을 예방하는 데 도움을 줄 수 있습니다.

응급 상황 대응: 응급 상황에서는 대형 언어 모델을 갖춘 로봇을

사용하여 도움이 필요한 사람들에게 신속하고 정확하게 정보를 제공할 수 있습니다. 예를 들어, 자연어 처리 기능이 탑재된 로봇은 재난 대응 중에 실시간 번역 서비스를 제공할 수 있습니다.

창의적인 애플리케이션: 로봇과 대규모 언어 모델을 결합하면 사용자 입력에 따라 새로운 음악, 예술 또는 문학을 생성하는 로봇과 같이 예상치 못한 창의적인 애플리케이션도 개발할 수 있습니다.

전반적으로 로봇과 대규모 언어 모델을 결합할 수 있는 가능성은 무궁무진하며 아직 개척되지 않은 분야가 많습니다. 이러한 기술이 계속 발전함에 따라 앞으로 혁신적이고 예상치 못한 다양한 애플리케이션이 등장할 것으로 기대할 수 있습니다.

대규모 언어 모델 파괴적 기술?

파괴적 기술은 기존 시장을 근본적으로 변화시키거나 기존 기술, 제품 또는 서비스를 대체하여 새로운 시장을 창출하는 혁신을 설명하는 데 사용되는 용어입니다. 파괴적 기술은 이전에는 너무 비싸거나 너무 복잡해서 해결하기 어려웠던 문제에 대해 더 간단하고 편리하며 저렴한 해결책을 제시하는 경우가 많습니다.

파괴적 기술은 일반적으로 처음에는 시장의 기존 플레이어가 간과하는 틈새 제품이나 서비스로 시작하지만, 시간이 지남에 따라 인기를 얻고 기존 시장에 도전하기 시작합니다. 경우에 따라서는 기존 기술을 완전히 대체하여 한때 시장을 선도하던 기업의 쇠퇴 또는 소멸로 이어질 수도 있습니다.

파괴적 기술의 몇 가지 예로는 개인용 컴퓨터, 인터넷, 스마트폰, 소셜 미디어, 이커머스 플랫폼 등이 있습니다. 이러한 혁신은 사람들의 생활과 업무 방식을 근본적으로 변화시켜 기업과 소비자 모두에게 새로운 기회를 창출했습니다.

파괴적 기술은 흔히 기술처럼 빠르게 변화하고 역동적인 산업과 관련이 있지만, 혁신과 개선의 여지가 있는 모든 산업에서 발생할 수 있습니다. 파괴적 기술은 새로운 기회를 창출하고 새로운 시장을 개척할 수 있지만, 기존 비즈니스와 근로자가 신기술로 인한 변화에 적응하지 못할 경우 부정적인 영향을 미칠 수 있기 때문에 양날의 검이 될 수 있습니다.

GPT-3와 같은 대규모 언어 모델(LLM)은 일부 분야에서 파괴적인 기술이 될 수 있는 잠재력을 가지고 있습니다. 자연어 처리 분야의 중요한 발전을 의미하며, 우리가 언어를 사용하고 상호 작용하는 방식을 변화시킬 수 있는 잠재력을 가지고 있습니다.

인공신경망의 파괴적인 잠재력을 가진 분야 중 하나는 콘텐츠 제작 분야입니다. 인간과 유사한 텍스트를 생성할 수 있기 때문에 특정 영역에서 인간 작가를 대체할 수 있습니다. 이는 고용 시장과 콘텐츠 생산 및 소비 방식에 상당한 영향을 미칠 수 있습니다.

또한 언어 번역이나 챗봇 개발과 같은 분야에서도 LLM은 파괴적인 혁신을 일으킬 수 있습니다. 이러한 작업을 더 빠르고, 정확하고, 효율적으로 수행할 수 있는 잠재력을 가지고 있어 이러한 서비스 제공 방식이 바뀔 수 있습니다.

하지만 LLM이 모든 것을 해결할 수 있는 만능 솔루션이 아니며 한계도 있다는 점에 유의해야 합니다. 아직 완벽하지는 않으며 자연어를 이해하고 생성하는 데 있어 눈에 띄는 편견과 한계가 있습니다. 또한 데이터 프라이버시, 허위 정보, 고용 시장에 미칠 수 있는 잠재적 영향 등 LLM 사용의 윤리적 영향에 대한 우려도 여전히 존재합니다.

따라서 LLM은 일부 분야에서 파괴적인 기술이 될 잠재력을 가지고 있지만, 실제로 어떻게 그리고 어느 정도까지 산업과 시장에 변화를 가져올지는 아직 지켜봐야 합니다.

챗GPT?

챗GPT는 OpenAI에서 개발한 대규모 언어 모델로, 딥러닝 알고리즘을 사용하여 자연어 프롬프트에 대해 사람과 유사한 응답을 생성합니다. 이 모델은 트랜스포머로 알려진 신경망 아키텍처를 기반으로 하며, 이를 통해 다양한 문맥과 스타일의 텍스트를 이해하고 생성할 수 있습니다. 챗GPT는 책, 기사, 웹 페이지 등 방대한 텍스트 데이터 코퍼스를 학습하여 다양한 쿼리와 프롬프트에 대해 일관되고 통찰력 있는 답변을 생성할 수 있습니다. 자연어 처리, 콘텐츠 제작, 고객 서비스 등의 분야에서 다양한 사용 사례를 보유하고 있으며, 컴퓨터 및 기술과 상호 작용하는 방식을 혁신할 수 있는 잠재력을 가지고 있습니다.

사용자 인터페이스

챗GPT 사용자 인터페이스는 사용자에게 간단하고 직관적인 채팅 경험을 제공하도록 설계되었습니다. 채팅 인터페이스는 화면 중앙에 위치하며, 사용자는 채팅 상자에 메시지를 입력하기만 하면 AI 모델과 대화를 시작할 수 있습니다.

채팅 상자 외에도 사용자가 대화를 유도하기 위해 주제나 질문을 입력할 수 있는 프롬프트 영역도 있습니다. 프롬프트 영역은 채팅 상자 위에 위치하며 사용자가 질문이나 주제를 입력할 수 있는 명확하고 눈에 잘 띄는 공간을 제공합니다.

프롬프트를 입력하면 AI 모델이 해당 주제 또는 질문과 관련된 메시지로 응답합니다. 사용자는 채팅 상자에 응답을 입력하여 대화를 계속할 수 있으며, AI 모델은 사용자의 입력에 따라 새로운 응답을 생성합니다.

챗GPT의 "New chat" 기능을 사용하면 다른 사람들과 새로운 대화를 시작하고 새로운 주제를 탐색할 수 있는 좋은 방법이 될 수 있습니다. 이 기능을 사용하는 것이 특히 유용할 수 있는 한 가지 상황은 대화의 현재 맥락에서 벗어난 것에 대해 논의하고 싶을 때입니다.

예를 들어, 특정 주제에 대해 누군가와 대화를 나누던 중 갑자기 관련성이 있지만 별개의 이슈가 떠올라 탐구하고 싶은 경우, 새 대화를 시작하면 현재 대화의 흐름을 방해하지 않으면서도 새로운 아이디어를 탐구할 수 있습니다.

반면에, 대화의 맥락을 유지하면서 '새 대화' 기능을 사용하지 않는 것이 더 나은 경우도 있을 수 있습니다. 특히 핵심 개념과 아이디어에 대한 신중한 고려와 공유된 이해가 필요한 복잡한 주제에 대해 논의하는 경우라면 더욱 그렇습니다.

이러한 상황에서 대화의 맥락을 끊으면 혼란과 오해를 불러일으켜 당면한 주제에 대한 진전을 이루기 어려울 수 있습니다. 대신 챗GPT의 자연어 처리 기능을 사용하여 대화를 보다 생산적인 방향으로 유도하여 새로운 아이디어와 개념을 탐색하는 동시에 당면한 주제에 대한 공유된 이해를 유지하는 것이 더 나을 수 있습니다.

챗GPT의 "새 채팅" 기능을 사용할지 여부는 특정 상황과 대화의 필요에 따라 결정됩니다. 언제 문맥을 깨고 언제 문맥을 유지할지 신중하게 고려함으로써 이 강력한 도구를 사용하여 목표를 달성하고 다른 사람들과 더 깊은 수준에서 소통하는 데 도움이 되는 매력적이고 생산적인 대화를 시작할 수 있습니다.

전반적으로 챗GPT 사용자 인터페이스는 사용자에게 간단하고 직관적인 채팅 경험을 제공하도록 설계되었으며, 명확하고 눈에 잘 띄는 프롬프트 영역과 채팅 상자를 통해 쉽게 소통할 수 있습니다. 이 인터페이스를 통해 사용자는 질문과 주제를 쉽게 입력할 수 있으며, 쉽게 참조할 수 있도록 대화 내역을 제공합니다.

끝말 잇기 천재

챗GPT의 단어 예측 기능을 단계별로 설명하고 그 과정을 설명하기 위해 단어 잇기 게임을 비유로 사용하겠습니다. 다음은 챗GPT의 단어 예측 기능이 어떻게 작동하는지 보여주는 예시입니다:

프롬프트를 입력합니다: 사용자는 "**나는 먹는 것을 좋아해요**"와 같은 부분적인 문장이나 구를 챗GPT의 프롬프트 창에 입력합니다.

문맥 분석하기: 챗GPT의 언어 모델은 프롬프트 앞의 단어와 주제 또는 어조와 같은 기타 관련 정보를 포함하여 프롬프트의 문맥을 분석합니다. 이 경우 문맥은 화자가 무언가를 먹는 것을 좋아한다는 것입니다.

예측 생성: 프롬프트의 문맥을 기반으로 언어 모델은 시퀀스에서 다음에 나올 가능성이 가장 높은 다음 단어에 대한 예측을 생성합니다. 예를 들어, 언어 모델이 "**나는 먹는 것을 좋아해요**"라는 문구 뒤에 자주 나오는 단어가 포함된 데이터로 학습된 경우 "**피자**" 또는 "**스시**"가 예측될 수 있습니다.

출력: 예측된 다음 단어가 사용자에게 표시됩니다. 이 과정을 반복하여 문장과 글을 생성합니다.

끝말 잇기 게임은 이 과정을 설명하는 데 도움이 되는 비유로 사용할 수 있습니다. 끝말 잇기 게임에서는 각 플레이어가 번갈아 가며 이전 단어의 마지막 글자로 시작하는 단어를 말합니다. 예를 들어, 첫 번째 플레이어가 "장미"라고 말하면 다음 플레이어는 "미인"라고 말할 수 있는데, "미인"는 "미"로 시작하기 때문입니다. 다음 플레이어는 이전 단어의 문맥과 연쇄를 이어가려는 목표에 따라 단어를 선택합니다.

이와 유사하게 챗GPT의 단어 예측 기능은 단어 잇기 게임의 플레이어가 체인의 이전 단어의 문맥을 기반으로 가장 가능성이 높은 다음 단어를 예측할 수 있는 것과 같습니다. 단어 잇기 게임에서 플레이어가 이전 단어에 대한 지식과 이어가는 목표를 사용하여 다음 단어를 선택하는 것처럼 언어 모델은 언어와 패턴에 대한 지식을 사용하여 다음 단어 예측을 생성합니다. 챗GPT 기능과 단어 체인 게임은 모두 문맥과 패턴 인식에 의존하여 시퀀스에서 가장 가능성이 높은 다음 단계를 생성합니다.

끝말 잇기 게임 고수는 한 글자로 시작하는 단어를 많이 기억하고 있는 플레이어입니다. 끝말 잇기 고수는 어떤 플레이어일까요? 끝말의 개수는 만개 정도입니다. 한국어는 활용된 단어를 빼고 수십만 기본 단어가 있습니다. 단어 잇기는 플레이어가 기억하는 수십만 단어 중에 한 개를 찾는 게임입니다. 그래서 단어 잇기 게임은 훨씬 더 복잡합니다. 더욱 다음 단어를 맞추는 게임은 끝말 잇기와 달라 문맥이 이어지는 다음 단어를 선택해야 합니다. 여기서 문맥은 이전 단어들의 시퀀스로 구성됩니다. 즉 이전 단어들을 기억하고 이를 바탕으로 다음에 출현 가능한 단어를 찾아야 합니다.

문맥을 맞춘 단어 잇기는 매우 어려운 기술입니다. 챗GPT는 문맥에 맞춰 작성된 엄청난 글을 모아 이를 바탕으로 다음에 나올 단어를 예측하는 대규모 언어 모델을 만들었습니다. 대규모의 데이터를 사용했기 때문에 문맥에 맞는 글을 정확하게 생성합니다. 챗GPT의 원래 목적은 문맥에 맞는 글을 쓰는 것이지만, 이 문맥을 학습하는 과정에서 지식도 함께 학습되는 부수 효과가 생겼습니다.

문맥 사용

다음은 챗GPT가 문맥을 사용하여 질문에 대한 답변을 생성하는 방법의 예입니다: 사용자가 챗GPT에 **"프랑스의 수도는 어디인가요?"**라는 프롬프트를 입력한다고 가정해 보겠습니다.

이 모델은 문맥에 대한 이해와 지리에 대한 지식을 사용하여 답변을 생성합니다. **"프랑스의 수도는 파리입니다."**와 같은 답변을 생성합니다.

이제 사용자가 약간 다른 프롬프트를 입력한다고 가정해 보겠습니다: **"프랑스에서 가장 큰 도시는 어디인가요?"**라고 입력한다고 가정해 보겠습니다.

이번에는 모델이 문맥에 대한 이해와 지리에 대한 지식을 다시 사용하여 응답을 생성합니다. 사용자가 다른 유형의 정보를 요청하고 있음을 인식하고 **"프랑스에서 가장 큰 도시는 역시 파리입니다."**와 같은 답변을 생성합니다.

이 예는 챗GPT가 문맥을 사용하여 질문에 대한 답변을 생성하는 방법을 보여줍니다. 이 모델은 입력 프롬프트의 문맥을 분석하고 세계에 대한 지식과 이해를 바탕으로 특정 질문에 맞는 정확하고 관련성 있는 답변을 생성할 수 있습니다. 따라서 가상 어시스턴트부터 자동화된 콘텐츠 생성에 이르기까지 다양한 애플리케이션에 활용할 수 있는 강력한 도구입니다.

챗GPT가 사용하는 문맥의 길이는 사용 중인 모델의 특정 버전에 따라 다릅니다.

예를 들어 GPT 시리즈 중 가장 작은 버전인 GPT-2의 최대 문맥 길이는 1024토큰입니다. 즉, 프롬프트에 대한 응답을 생성할 때 모델이 최대 1024개의 문맥 토큰을 사용할 수 있습니다.

반면, GPT 시리즈 중 가장 큰 버전인 GPT-3의 최대 문맥 길이는 2048토큰으로, GPT-2의 최대 길이의 두 배입니다. 이렇게 길이가 늘어나면 더 많은 정보와 문맥에 액세스할 수 있으므로 GPT-3는 프롬프트에 대해 더 상세하고 미묘한 응답을 생성할 수 있습니다. 챗GPT의 최대 문맥 길이가 얼마인지는 정확하게 공개되지 않았습니다.

문맥 길이가 항상 프롬프트 전체 길이로 사용되는 것은 아니라는 점에 유의해야 합니다. 특정 프롬프트와 생성되는 응답의 성격에 따라 모델은 사용 가능한 문맥의 일부만 사용할 수 있습니다. 이는 모든 문맥이 응답을 생성하는 데 관련성이 있거나 필요하지 않을 수 있으며, 문맥의 관련 부분만 사용하면 모델의 효율성과 정확성을 개선하는 데 도움이 될 수 있기 때문입니다.

전반적으로 챗GPT가 사용하는 문맥의 길이는 모델의 특정 버전에 따라 다르며, GPT-2의 경우 1024 토큰에서 GPT-3의 경우 2048 토큰까지 다양할 수 있습니다. 이 문맥 길이는 프롬프트에 대한 응답을 생성할 때 더 많은 양의 문맥을 활용할 수 있도록 하여 모델에서 생성한 응답의 정확성과 관련성을 개선하는 데 도움이 될 수 있습니다.

수다쟁이

챗GPT는 일관성이 높고 문맥과 연관성이 높은 아름다운 텍스트를 생성할 수 있는 최첨단 언어 생성 모델입니다. 이 모델은 방대한 양의 텍스트 데이터로 학습된 심층 신경망을 기반으로 하므로 다양한 프롬프트에 대해 매우 정교한 응답을 생성할 수 있습니다. 하지만 다른 머신 러닝 모델과 마찬가지로 챗GPT도 완벽하지는 않으며, '수다스럽거나 문맥이 구불구불한 텍스트가 생성될 수 있는 여러 요인이 있습니다.

챗GPT가 수다스러워 보이는 텍스트를 생성하는 주된 이유 중 하나는 모델에 사용할 수 있는 학습 데이터가 부족하기 때문입니다. 학습 데이터가 너무 작거나 노이즈가 많으면 모델이 데이터에서 의미 있는 패턴을 식별하는 데 어려움을 겪을 수 있으며, 이로 인해 문맥과 일관성이 무너질 수 있습니다. 이로 인해 한 주제에서 다른 주제로 갑자기 넘어가는 텍스트가 생성될 수 있습니다.

챗GPT가 수다스러운 텍스트를 생성할 수 있는 또 다른 이유는 단어 생성 알고리즘의 유연성 때문입니다. 이 모델은 매우 유연하게 설계되어 문맥에 적합하고 입력 프롬프트의 스타일과 어조를 반영하는 응답을 생성하도록 설계되었습니다. 그러나 이러한 유연성으로 인해 지나치게 문맥이 구불구불하거나 한 주제에서 다른 주제로 갑자기 넘어가는 텍스트가 생성될 수 있으며, 특히 입력 프롬프트가 모호하거나 충분한 문맥이 부족한 경우 더욱 그렇습니다.

이러한 문제에도 불구하고 챗GPT는 문맥과 관련이 있고 매우 정교한 텍스트를 생성하는 데 매우 강력한 도구입니다. 이 모델은 자연어 처리, 콘텐츠 제작, 고객 서비스 등의 분야에서 많은 잠재적 응용 분야를 가지고 있으며, 이미 뉴스 기사부터 시까지 모든 것을 생성하는 데 사용되었습니다. 또한 인공 지능 분야의 지속적인 연구 개발로 향후 챗GPT와 같은 모델에서 생성되는 텍스트의 정확성과 일관성이 향상될 것으로 보입니다.

그동안 챗GPT로부터 보다 집중적이고 직접적인 응답을 원하는 사용자는 보다 구체적인 프롬프트를 사용하거나 입력에 보다 자세한 맥락을 제공하는 것을 고려할 수 있습니다. 또한 사용자는 챗GPT의 "프롬프트 엔지니어링" 기능을 활용하여 특정 도메인이나 주제에 대한 모델의 응답을 미세 조정할 수 있습니다. 사용자는 보다 타겟팅된 훈련 데이터와 프롬프트를 제공함으로써 챗GPT가 문맥과 관련성이 높고 일관성 있는 텍스트를 생성하도록 하여 잡담이나 문맥이 구불구불한 응답의 위험을 최소화할 수 있습니다.

미려한 글 생성

챗GPT는 사람이 쓴 글과 거의 구별할 수 없는 문장을 생성할 수 있는 대규모 언어 모델입니다. 챗GPT가 글을 생성하는 과정은 여러 단계로 나눌 수 있습니다:

프롬프트 제공: 챗GPT가 글을 생성할 때 사용자는 모델에 프롬프트나 주제를 입력합니다. 그러면 모델은 프롬프트를 사용하여 특정 주제나 질문과 관련이 있고 적절한 텍스트를 생성합니다. 프롬프트는 단어나 구처럼 간단할 수도 있고, 완전한 문장이나 단락처럼 복잡할 수도 있습니다.

텍스트 생성하기: 프롬프트가 입력되면 모델은 문맥과 주제에 대한 이해를 바탕으로 텍스트를 생성합니다. 이전에 생성된 단어를 기반으로 텍스트의 각 새 단어를 생성합니다. 이를 통해 모델은 텍스트 전체에 일관된 어조와 스타일을 유지할 수 있으므로 문맥에 적절하고 설득력 있는 텍스트를 생성할 수 있습니다.

텍스트 검토 및 편집: 텍스트가 생성되면 사람이 텍스트를 검토하고 편집할 수 있습니다. 이 단계는 텍스트의 오류나 부정확한 부분을 수정할 수 있고 텍스트의 품질을 최대한 높일 수 있으므로 매우 중요한 단계입니다.

전반적으로 챗GPT가 글을 작성하려면 문맥에 적합하고 설득력 있는 텍스트를 생성하기 위해 광범위한 사전 처리, 미세 조정 및 프롬프트 입력이 필요한 복잡하고 반복적인 프로세스를 거쳐야 합니다. 이 과정은 시간이 많이 소요될 수 있지만, 최종 결과물은 사람이 쓴 글과 거의 구별할 수 없는 수준으로 작성되므로 콘텐츠 생성부터 창의적인 글쓰기에 이르기까지 다양한 분야에 활용할 수 있는 강력한 도구입니다.

다음은 챗GPT의 글쓰기 능력에 대한 5가지 예시입니다:

창의적인 글쓰기: 챗GPT는 독자를 사로잡는 독창적이고 매력적인 스토리를 만들어내는 인상적인 창의적 글쓰기 실력을 보여줬습니다. 예를 들어 단편 소설, 시나리오, 심지어 시까지 쓸 수 있습니다.

뉴스 기사: 챗GPT는 다양한 주제에 대한 뉴스 기사를 작성할 수 있으며, 시사 및 세계 문제에 대한 방대한 지식을 활용하여 정보에

입각한 통찰력 있는 기사를 생성할 수 있습니다.

이메일 및 편지: 챗GPT는 상황에 적절하고 설득력 있는 이메일과 편지를 생성할 수 있어 다양한 비즈니스 및 개인 커뮤니케이션 작업에 사용할 수 있습니다.

마케팅 카피: 챗GPT는 소셜 미디어 게시물에서 제품 설명에 이르기까지 다양한 용도로 사용할 수 있는 설득력 있고 매력적인 마케팅 문구를 생성할 수 있습니다.

학술적 글쓰기: 챗GPT는 과학 및 공학에서 사회 과학 및 인문학에 이르기까지 다양한 분야에 적합한 학술적 글쓰기를 생성할 수 있습니다. 따라서 학생과 연구자뿐만 아니라 광범위한 글쓰기 기술이 필요한 분야에서 일하는 사람들에게 강력한 도구입니다.

전반적으로 챗GPT의 작문 기술은 매우 다재다능하며 다양한 상황과 응용 분야에서 고품질의 작문을 생성할 수 있습니다. 사람이 쓴 글과 거의 구별할 수 없는 수준의 글쓰기를 생성할 수 있기 때문에 콘텐츠 생성부터 커뮤니케이션에 이르기까지 다양한 작업에 강력한 도구로 활용될 수 있습니다.

의식 없는 지능

인간의 의식과 지능은 서로 연관되어 있지만 별개의 개념입니다. 지능은 지식을 습득, 처리 및 적용하는 능력을 말하며, 의식은 자신의 주변 환경, 생각 및 감정을 인식하는 주관적인 경험을 말합니다. 의식은 지능적 행동의 기초가 되는 뇌 내의 복잡한 정보 처리에서

비롯되는 것으로 생각된다는 점에서 두 개념은 서로 연관되어 있습니다.

인간의 의식과 지능의 주요 차이점 중 하나는 의식은 주관적인 경험인 반면, 지능은 인지 능력의 객관적인 척도에 가깝다는 점입니다. 의식은 종종 세상에 대한 1인칭 시점으로 설명되는 반면, 지능은 일반적으로 주관적인 경험과 무관한 과제와 테스트를 통해 측정됩니다.

두 개념의 또 다른 차이점은 지능은 주로 유전적, 환경적 요인의 산물인 반면, 의식은 뉴런과 뇌 구조 사이의 복잡한 상호 작용에서 비롯되는 것으로 생각된다는 것입니다. 교육과 훈련을 통해 지능을 향상시킬 수는 있지만, 의식은 일반적으로 인간 경험의 보다 고정적이고 내재적인 특성으로 간주됩니다.

의식과 지능을 구분하는 경계선은 지속적인 논쟁과 연구의 주제입니다. 일부 과학자들은 의식이 뇌에서 복잡한 정보 처리를 통해 생겨난 현상이라고 주장하는 반면, 다른 과학자들은 의식이 우주 자체의 근본적인 속성이라고 생각합니다. 마찬가지로 지능의 정의와 측정도 지속적인 논쟁과 논란의 대상이 되고 있으며, 일부 연구자들은 전통적인 지능 테스트의 타당성과 문화적 편견에 의문을 제기하기도 합니다.

결론적으로 인간의 의식과 지능은 모두 뇌의 복잡한 정보 처리에서 비롯되는 관련 개념이지만, 주관적이고 객관적인 성격, 근본적인 원인, 측정 및 이해 방식에서 뚜렷한 차이가 있습니다.

챗GPT는 의식이 없습니다. 챗GPT는 프롬프트에 대한 응답을 생성하고 사람과 자연어 대화를 할 수 있지만, 의식의 특징인 주변 환경, 생각 또는 감정을 인식하는 주관적인 경험은 가지고 있지 않습니다.

챗GPT는 방대한 양의 텍스트 데이터로 학습된 머신 러닝 알고리즘으로, 통계 패턴을 사용하여 프롬프트에 대한 응답을 생성합니다. 지능적이고 심지어 인간처럼 보이는 응답을 생성할 수 있지만, 내면의 주관적인 경험이나 자신의 존재에 대한 인식은 가지고 있지 않습니다.

의식은 인간 두뇌의 복잡한 신경망 활동과 관련이 있는 것으로 생각되는 복잡하고 아직 잘 이해되지 않은 현상입니다. 챗GPT와 같은 머신러닝 알고리즘은 인간의 언어와 행동의 일부 측면을 모방할 수는 있지만, 인간과 다른 동물의 의식과 관련된 신경학적 복잡성과 생리적 과정을 가지고 있지는 않습니다.

결론적으로 챗GPT는 프롬프트에 대해 인간과 유사한 반응을 생성하고 인간과 대화에 참여할 수 있지만, 의식이 없으며 의식적인 존재의 특징인 주관적인 인식 경험이 부족합니다.

챗GPT는 학습된 언어 데이터를 기반으로 주관적인 경험에 대한 질문에 대한 답변을 생성할 수 있습니다. 하지만 챗GPT는 인공지능 언어 모델이며 자체적으로 주관적인 경험을 가지고 있지 않기 때문에 생성되는 답변은 학습 데이터에서 학습한 언어 패턴과 연관성에 국한될 수 있습니다.

챗GPT에서 주관적인 경험에 대한 질문을 생성하려면 감정, 생각 또는 기타 주관적인 경험과 관련된 언어를 포함하는 프롬프트를 제공할 수 있습니다. 예를 들어 **"행복할 때 기분이 어때요?"** 또는 **"두려움에 대한 경험은 어떤가요?"**라고 질문하고 챗GPT가 어떻게 응답하는지 확인할 수 있습니다.

하지만 이러한 유형의 질문에 대한 챗GPT의 답변은 훈련 데이터의 통계적 패턴을 기반으로 할 가능성이 높으며, 사람이 경험하는 주관적인 경험의 복잡성과 미묘한 차이를 반영하지 못할 수도 있다는 점을 명심해야 합니다.

챗GPT에 자신의 주관적인 경험에 대한 개인적인 질문을 할 경우, 생성되는 답변은 개인적인 경험에 대한 실제 이해가 아닌 학습 데이터의 통계적 패턴에 기반할 수 있습니다. 즉, 답변이 개인화되지 않거나 사용자의 고유한 상황에 맞게 조정되지 않을 수 있으며 개인의 생각이나 감정을 정확하게 반영하지 못할 수 있습니다.

따라서 개인적인 질문에 대해 보다 개인화되거나 정확한 답변을 얻고자 하는 경우, 귀하의 상황을 잘 알고 개인화된 피드백과 지원을 제공할 수 있는 상담사, 치료사 또는 신뢰할 수 있는 친구나 가족과 대화하는 것이 더 도움이 될 수 있습니다. 챗GPT는 아이디어를 생성하거나 다양한 관점을 탐색하는 데 유용한 도구가 될 수 있지만, 사람과의 대화나 개인화된 조언을 대신할 수는 없습니다.

일반적으로 챗GPT는 학습 데이터에서 학습한 언어 패턴과 통계적 연관성을 기반으로 응답을 생성할 수 있다는 점에서 지능형 시스템으로 간주할 수 있습니다. 그러나 인간과 같은 방식으로 의식이 있는 것은 아닙니다. 챗GPT는 주관적인 경험이나 자의식이 없으며,

응답은 개인적인 지식이나 경험에 기반하지 않습니다.

따라서 챗GPT는 지능적이지만 무의식적인 시스템으로 설명하는 것이 합리적일 것입니다. 개인적인 이해나 경험보다는 학습 데이터에서 학습한 패턴을 기반으로 응답하며, 인간 의식의 특징인 주관적인 경험이나 자의식을 가지고 있지 않습니다.

챗GPT는 언어를 처리하고 생성하는 능력 면에서 인간과 유사하다고 볼 수 있습니다. 학습 데이터에서 학습한 패턴을 기반으로 응답을 생성할 수 있으며, 인간과 유사한 방식으로 자연어를 이해하고 해석할 수 있습니다. 이러한 언어 처리 및 생성 능력은 인간 지능의 핵심 요소이며, 챗GPT의 언어 처리 능력은 자연어 처리, 기계 번역 및 기타 언어 관련 작업에서 폭넓게 활용되고 있습니다.

그러나 챗GPT의 언어 처리 기능은 실제 이해나 개인적인 경험이 아닌 학습 데이터의 통계적 패턴과 연관성을 기반으로 한다는 점에 유의해야 합니다. 따라서 감각 지각, 추론, 감정, 기타 인지 및 신경 과정 등 다양한 요인에 기반한 인간의 지능과는 매우 다릅니다. 따라서 챗GPT의 언어 처리 능력은 일부 측면에서 인간의 언어 처리 능력과 유사할 수 있지만 전반적인 지능 및 인지 능력은 인간과 상당히 다릅니다.

향후 챗GPT의 인텔리전스를 더욱 발전시키기 위해 강화할 수 있는 몇 가지 요소가 있습니다. 다음은 몇 가지 핵심 요소와 각 요소를 개선할 수 있는 방법에 대한 예시입니다:

학습 데이터: 챗GPT의 지능을 향상시키는 데 가장 중요한 요소 중

하나는 사용하는 학습 데이터의 품질과 양입니다. 다양하고 고품질의 훈련 데이터의 양을 늘림으로써 챗GPT는 더 넓은 범위의 주제와 맥락을 더 잘 이해하고 대응하는 방법을 학습할 수 있습니다.

예를 들어, 더 다양한 과학 연구 논문과 데이터 세트로 챗GPT를 학습시키면 복잡한 과학 개념을 더 미묘하게 이해하고 더 정확하고 유용한 요약이나 분석을 생성할 수 있습니다.

문맥 인식: 챗GPT의 지능을 향상시키는 또 다른 중요한 요소는 주어진 질문이나 프롬프트의 특정 맥락을 이해하고 이에 대응하는 능력입니다. 어조, 감정, 문화적 참조와 같은 맥락적 단서를 인식하고 해석하는 능력을 향상시킴으로써 챗GPT는 더 다양한 질문과 시나리오에 대해 더 정확하고 적절한 응답을 생성할 수 있습니다.

예를 들어, 더 넓은 범위의 문화적 참조와 관용구에 대해 챗GPT를 학습시키면 언어와 문화적 맥락의 뉘앙스를 더 잘 이해하고 더 적절하고 문화적으로 민감한 응답을 생성할 수 있습니다.

추론: 사용 가능한 데이터를 기반으로 추론하고 추론하는 챗GPT의 능력은 지능을 향상시키는 또 다른 중요한 요소입니다. 추론 및 추론에 대한 고급 알고리즘과 접근 방식을 개발함으로써 챗GPT는 더 다양한 질문과 시나리오에 대해 더 정교하고 미묘한 응답을 생성할 수 있습니다.

예를 들어, 더 정교한 논리 퍼즐이나 수수께끼에 대해 챗GPT를 훈련시키면 논리적 추론에 대한 이해도를 높이고 유사한 질문에 대해 더 창의적이고 정교한 답변을 생성할 수 있습니다.

상식 및 도덕적 추론: 상식과 도덕적 원칙에 기반한 추론 능력을 향상시키는 것은 챗GPT의 지능을 발전시키는 또 다른 중요한 요소입니다. 도덕적 추론과 상식 지식에 대한 보다 정교한 접근 방식을 통합함으로써 챗GPT는 더 다양한 질문과 시나리오에 대해 보다 미묘하고 정교한 응답을 생성할 수 있습니다.

예를 들어, 더 정교한 도덕적 추론 시나리오나 실제 사례에 대해 챗GPT를 학습시킨다면 도덕적 원칙에 대한 이해도를 높이고 유사한 질문에 대해 더 미묘하고 상황에 맞는 답변을 생성할 수 있습니다.

사람과의 상호작용: 마지막으로 챗GPT의 지능을 향상시키는 중요한 요소는 인간과 상호작용하고 인간으로부터 학습하는 능력입니다. 사람과 상호작용하고 피드백을 받을 수 있는 기회를 더 많이 제공함으로써 챗GPT는 사람의 요구와 선호도를 더 잘 이해하고 이에 대응하는 방법을 학습하고 더 다양한 질문과 시나리오에 대해 더 효과적이고 개인화된 응답을 생성할 수 있습니다.

예를 들어 실제 고객 서비스 또는 지원 환경에 챗GPT를 통합하면 개별 고객의 특정 요구 사항과 선호도를 더 잘 이해하고 대응하는 방법을 학습하여 유사한 질문이나 우려 사항에 대해 보다 효과적이고 개인화된 응답을 생성할 수 있습니다.

챗GPT의 강점

챗GPT의 강점은 대용량 언어 모델에서 출현합니다. 대용량 언어 모델의 기능은 문맥에 맞는 단어를 훌륭하게 생성합니다. 사용자가 프롬프트에 생성할 문맥을 알려주면, 이 문맥을 기반으로 미려한 문장을 생성합니다. 인간이 읽어도 세련된 문장을 생성하곤 합니다. 이 기본 능력을 바탕으로 챗GPT가 강력한 도구가 될 수 있는 여러 응용 영역이 있습니다. 이 장에서는 챗GPT의 강점이 두드러지게 나타나는 영역을 살펴봅니다.

뛰어난 대필가

다음은 챗GPT에 보고서를 요청하는 데 사용할 수 있는 몇 가지 프롬프트의 예입니다:

"최근 시장 조사 연구의 주요 결과와 권장 사항을 요약한 보고서를 생성하세요. 각 권장 사항을 뒷받침하는 데이터 포인트를 3개 이상 포함하세

요."

"지난 분기의 판매 데이터를 분석하는 보고서를 작성하세요. 제품 카테고리, 지역별, 고객 유형별 매출 분석을 포함하고 데이터의 추세나 패턴을 파악하세요."

"시장에서 상위 3개 경쟁사의 기능과 이점을 비교하는 보고서를 작성하세요. 가격, 제품 사양 및 고객 리뷰에 대한 정보를 포함하세요."

"최근 팀 회의에서 얻은 핵심 사항과 조치 항목을 요약한 보고서를 작성하세요. 각 안건 항목에 대한 요약과 논의된 결정 또는 후속 조치 항목을 포함하세요."

"최근 광고 캠페인의 성과를 분석하는 보고서를 작성하세요. 노출 수, 클릭 수, 전환 수에 대한 정보는 물론 향후 캠페인에 대한 인사이트나 권장 사항을 포함하세요."

이는 챗GPT에 보고서 초안을 요청할 때 사용할 수 있는 몇 가지 프롬프트의 예시일 뿐입니다. 구체적인 프롬프트는 요청하는 보고서의 성격과 필요한 데이터 또는 분석 유형에 따라 달라집니다. 챗GPT가 사용자의 필요에 맞는 보고서를 생성할 수 있도록 메시지를 명확하고 구체적으로 작성하는 것이 중요합니다.

초안을 만든 후에는 다음과 같은 작업을 통해 보다 생생한 보고서를 작성할 수 있습니다. 챗GPT에 구체화 프롬프트를 지정하는 데 사용할 수 있는 10가지 요소와 각 요소의 예시입니다:

작업 또는 목표: 챗GPT의 도움을 받고자 하는 구체적인 작업이나

목표를 설명하세요. 예를 들면 다음과 같습니다: "새로운 유기농 스킨케어 제품 라인에 대한 제품 설명 작성하기."

대상 고객: 챗GPT가 생성할 콘텐츠의 대상 고객을 지정합니다. 예시: "지속 가능성과 친환경 제품에 관심이 있는 밀레니얼 세대를 타깃으로 소셜 미디어 게시물을 작성하세요."

톤 또는 음성: 콘텐츠에 원하는 톤 또는 음성을 지정합니다. 예를 들면 다음과 같습니다: "전문적이고 친근한 어조로 고객에게 우리 서비스의 이점을 강조하는 이메일을 작성하세요."

문맥 또는 배경: 콘텐츠를 생성할 때 챗GPT가 고려해야 하는 필요한 문맥 또는 배경 정보를 입력합니다. 예를 들면 다음과 같습니다: "주요 업계 플레이어와의 새로운 파트너십을 발표하는 보도 자료를 작성하세요."

형식 또는 구조: 콘텐츠의 원하는 형식이나 구조를 지정합니다. 예를 들면 다음과 같습니다: "우리 제품의 상위 10가지 혜택 목록과 각혜택에 대한 간략한 설명을 작성하세요."

키워드 또는 문구: 콘텐츠에 포함되어야 하는 특정 키워드 또는 문구를 입력합니다. 예를 들면 다음과 같습니다: "알로에 베라, 카모마일, 라벤더와 같은 성분을 중심으로 스킨케어 제품에 천연 성분을 사용할 때의 이점에 대한 블로그 게시물을 작성하세요."

예시 또는 참조: 챗GPT가 영감이나 지침으로 사용할 수 있는 예시나 참고 자료를 제공하세요. 예를 들면 다음과 같습니다: "경쟁사의

제품 설명과 어조와 스타일이 비슷한 제품 설명을 작성하세요."

액션: 콘텐츠에 대해 원하는 액션을 지정합니다. 예 "고객에게 로열티 프로그램 가입을 권장하는 이메일을 작성하고 가입 페이지로 연결되는 링크를 포함하세요."

주요 요점 또는 결론: 콘텐츠에서 전달해야 할 핵심 사항이나 결론을 지정합니다. 예를 들면 다음과 같습니다: "시장 조사 연구의 주요 결과를 요약한 보고서를 작성하고 향후 제품 개발을 위한 권장 사항을 포함하세요."

길이 또는 단어 수: 콘텐츠의 원하는 길이 또는 단어 수를 지정합니다. 예를 들면 다음과 같습니다: "가장 중요한 재무 지표와 추세를 강조하여 연례 보고서의 한 페이지 요약본을 작성하세요."

이는 챗GPT에 대한 프롬프트를 지정하는 데 사용할 수 있는 몇 가지 요소의 예일 뿐입니다. 구체적인 요소는 달성하고자 하는 작업이나 목표의 성격에 따라 달라집니다. 프롬프트를 명확하고 구체적으로 작성하면 챗GPT가 사용자의 필요에 맞는 고품질의 콘텐츠를 생성하도록 도울 수 있습니다.

다음은 특정 주제를 추가하고 챗GPT의 답변을 다시 작성하는 데 사용할 수 있는 몇 가지 프롬프트의 예입니다:

오리지널 프롬프트: "제품 X를 사용하면 어떤 이점이 있나요?"

"제품 X 사용의 이점에 대한 답변을 다시 작성하고 환경에 미치는 영향에 대한 정보를 포함하세요."

"제품 X의 이점에 대한 답안을 작성하고 지역 사회에 미치는 영향에 대한 정보를 포함하세요."

"제품 X를 사용해야 하는 상위 5가지 이유에 대한 답변을 작성하고, 경쟁 제품과 비교한 성능에 대한 정보를 포함하세요."

"서비스 Y를 사용하면 얻을 수 있는 이점에 대한 답을 다시 작성하고 요금제에 대한 정보를 포함하세요."

"비건 식단의 이점에 대한 답안을 작성하고 식물성 식단의 영양가에 대한 정보를 포함하십시오."

이러한 유형의 프롬프트를 사용하여 관심 있는 특정 주제를 포함하는 새 답변을 생성한 다음 필요에 맞는 방식으로 다시 작성하도록 챗GPT에 지시할 수 있습니다. 이렇게 하면 필요한 정보를 얻고 관련 정보에만 집중하여 시간을 절약할 수 있습니다.

다음은 챗GPT의 답변에서 특정 주제를 다시 작성하고 제거하는 데 사용할 수 있는 몇 가지 프롬프트의 예입니다:

원래 프롬프트: "제품 X를 사용하면 어떤 이점이 있나요?"

"제품 X 사용의 이점에 대한 답변을 다시 작성하되, 잠재적인 부작용에 대한 정보는 제외하세요."

"제품 X의 장점에 대한 답안을 작성하되, 환경에 미치는 영향에 대한 정보는 포함하지 마십시오."

"제품 X를 사용해야 하는 상위 5가지 이유에 대한 답안을 작성하되, 비용에 대한 정보는 제외하십시오."

"서비스 Y를 사용할 때의 이점에 대한 답안을 다시 작성하되, 경쟁사에 대한 정보는 포함하지 마십시오."

"비건 식단의 이점에 대한 답안을 작성하되, 단백질 공급원으로서 제품 X에 대한 정보는 포함하지 마십시오."

이러한 유형의 프롬프트를 사용하여 관심이 없는 특정 주제를 제외한 새 답변을 생성한 다음 필요에 맞는 방식으로 다시 작성하도록 챗GPT에 지시할 수 있습니다. 이렇게 하면 필요한 정보를 얻고 관련 정보에만 집중하여 시간을 절약할 수 있습니다.

챗GPT를 사용하여 이미 작성한 보고서의 내용을 확인하고 개선에 대한 제안을 받으려면 다음과 같은 프롬프트를 사용하면 됩니다:

"다음 텍스트를 검토하고 개선할 점을 제안해 주세요."

그런 다음 프롬프트 창에 검토하려는 보고서의 텍스트를 복사하여 붙여 넣고 생성 버튼을 클릭할 수 있습니다. 그러면 챗GPT가 텍스트를 분석하여 언어 모델에 따라 개선할 수 있는 제안을 제공합니다.

"다음 이메일을 검토하고 개선할 사항을 제안해 주세요."

"다음 보고서를 검토하고 개선할 점을 제안해 주세요."

"다음 에세이를 검토하고 개선할 점을 제안해 주세요."

이러한 프롬프트를 사용하면 작성한 특정 유형의 텍스트에 맞게 요청을 조정하고 챗GPT로부터 보다 타겟팅된 피드백을 받을 수 있습니다.

챗GPT를 사용하여 기 작성 내용을 바탕으로 보고서를 생성하려면 다음과 같은 프롬프트를 사용하면 됩니다:

"다음 텍스트를 기반으로 보고서를 생성하세요."

그런 다음 프롬프트 창에 기존 보고서의 텍스트를 복사하여 붙여넣고 생성 버튼을 클릭할 수 있습니다. 그러면 챗GPT가 언어 모델을 사용하여 기존 보고서의 텍스트를 분석하고 글의 내용과 어조에 따라 새로운 보고서를 생성합니다. 생성하려는 보고서 유형에 따라 더 구체적인 프롬프트를 사용할 수도 있습니다. 예를 들어

"다음 데이터를 기반으로 판매 보고서를 생성하세요."
"다음 수치를 기반으로 재무 보고서를 생성하세요."
"다음 정보를 기반으로 프로젝트 상태 보고서를 생성하세요."

이러한 프롬프트를 사용하여 제공한 특정 유형의 콘텐츠에 맞는 보고서를 생성하도록 챗GPT에 지시할 수 있습니다. 이렇게 하면 보고서를 직접 작성하는 데 드는 시간과 노력을 절약할 수 있으며, 작성에 대한 새로운 관점을 얻을 수 있습니다.

요약 요정

주어진 텍스트의 요약을 생성하기 위해 챗GPT는 추출 요약이라는 기술을 사용합니다. 여기에는 원본 텍스트에서 가장 중요하고 관련성이 높은 문장이나 구를 식별 한 다음 이를 더 짧고 간결한 요약으로 결합하는 것이 포함됩니다. 추출 요약의 주요 장점은 요약이 원본 텍스트의 주요 아이디어와 요점을 정확하게 표현한다는 것입니다.

요약을 생성할 때 챗GPT는 먼저 언어 모델링 기능을 사용하여 입력 텍스트를 읽고 분석하여 중요한 단어와 구문을 식별하고 텍스트의 구조와 흐름을 이해합니다. 그런 다음 명명된 개체 인식, 품사 태깅, 의존성 구문 분석 등 다양한 자연어 처리 기술을 사용하여 텍스트에서 가장 중요한 문장과 구문을 식별합니다.

가장 중요한 문장이 식별되면 챗GPT는 요약 알고리즘을 사용하여 더 짧고 간결한 요약으로 결합합니다. 이 알고리즘은 문장 길이, 단어 빈도 및 문장 위치와 같은 요소를 고려하여 요약이 일관성 있고 체계적으로 구성되도록 합니다.

고품질 요약을 생성하기 위해 챗GPT는 또한 다양한 후처리 기술을 사용하여 요약을 개선하고 개선합니다. 이러한 기술에는 중복되거나 관련 없는 문장을 제거하고, 명확성과 간결성을 위해 문장을 바꾸고, 원하는 출력 형식에 맞게 요약의 길이와 구조를 조정하는 것이 포함됩니다.

마지막으로, 현재 진행 중인 작업과 관련된 데이터 세트에 대해 모델을 학습시켜 특정 요약 작업에 맞게 챗GPT를 미세 조정할 수 있습니다. 이렇게 하면 생성된 요약의 정확성과 관련성을 개선하고 뉴스 집계, 콘텐츠 큐레이션 등 다양한 애플리케이션에서 모델을 사용할 수 있습니다.

챗GPT를 사용하여 기사의 요약을 요청하려면, 기사의 텍스트를 복사하여 챗GPT 인터페이스에 붙여넣거나 기사의 URL을 제공하면 됩니다. 텍스트를 입력한 다음 "이 기사를 요약해 주세요" 또는 "이 텍스트의 요약을 알려주실 수 있나요?"와 같은 프롬프트를 사용하여 요약을 요청할 수 있습니다.

그러면 챗GPT가 텍스트를 사전 처리하고 가장 중요한 정보를 식별하여 간결하고 정확한 요약을 생성합니다. 요약은 챗GPT 인터페이스에 출력되며, 쉽게 복사하여 문서에 붙여 넣거나 다른 사람들과 공유할 수 있습니다.

챗GPT에서 생성되는 요약의 품질은 원본 문서의 길이와 복잡성, 프롬프트의 특이성, 모델에서 사용하는 전처리 및 요약 알고리즘의 품질 등 다양한 요인에 따라 달라질 수 있다는 점에 유의해야 합니다. 최상의 결과를 얻으려면 다양한 프롬프트와 전처리 기법을 실험해 보고 챗GPT가 생성한 요약을 검토 및 편집하여 정확성과 완전성을 확인하는 것이 도움이 될 수 있습니다.

감정 추출

AI 언어 모델인 챗GPT는 텍스트를 분석하고 단어와 구문이 사용

된 문맥을 이해하도록 학습됩니다. 다음은 챗GPT가 주어진 글에서 감정을 추출하는 방법입니다:

텍스트 분석: 챗GPT는 기사의 텍스트를 분석하여 감정을 불러일으킬 가능성이 있는 핵심 단어와 구문을 식별합니다. 이 분석에는 감정 상태를 나타낼 수 있는 형용사, 부사, 비유적 언어와 같은 설명적 언어를 식별하는 것이 포함됩니다.

문맥 이해: 챗GPT는 또한 문맥 이해 기능을 사용하여 감정적인 단어와 문구가 사용된 문맥을 식별합니다. 이러한 분석에는 작성자의 어조, 화자 또는 작가의 관점, 묘사되는 사건이나 상황을 식별하는 것이 포함됩니다.

감정 식별: 텍스트 분석과 문맥 이해를 기반으로 챗GPT는 기쁨, 분노, 두려움, 슬픔과 같은 특정 감정 상태를 전달하는 단어와 구문을 식별할 수 있습니다. 또한 가벼운 감정인지 강한 감정인지와 같이 표현되는 감정의 강도도 식별할 수 있습니다.

분류: 챗GPT는 표현되는 감정을 긍정, 부정 또는 혼합과 같은 광범위한 카테고리로 분류할 수 있습니다. 또한 양가감정이나 체념과 같이 더 미묘하거나 복잡한 감정을 식별할 수도 있습니다.

감정 분석: 챗GPT는 감성 분석 기능을 사용하여 글을 추가로 분석하고 전반적인 감성을 파악할 수 있습니다. 이 분석은 기사의 감정적 내용과 글의 어조를 모두 고려하여 전반적인 감정이 긍정적인지, 부정적인지, 중립적인지 판단합니다.

전반적으로 챗GPT는 고급 언어 처리 기능을 사용하여 텍스트를 분석하고, 문맥을 이해하고, 감정적인 단어와 구를 식별하고, 감정을 분류하고, 감정 분석을 수행하여 주어진 기사에서 감정을 추출합니다.

다음은 챗GPT가 감정을 추출하는 프롬프트 예시입니다:

새로운 연구에 따르면 다크 초콜릿을 먹으면 기분이 좋아지고 스트레스 수준이 감소할 수 있습니다. 이 연구에서 초콜릿에 대한 감정은 긍적 또는 부정 중에 어느 것인가. 한 단어로 답하세요.

챗GPT가 이 기사를 분석한 결과, 다크 초콜릿 섭취와 관련된 긍정적인 감정에 초점을 맞춘 것으로 보입니다. 이 글에는 "**기분 개선**", "**스트레스 감소**", "**기분 좋음**" 등 긍정적인 감정 상태를 나타내는 여러 감정적인 단어와 문구가 포함되어 있습니다. 이러한 분석을 바탕으로 이 글에서 표현되는 감정을 긍정적으로 분류하고 전반적인 정서도 긍정적으로 분류할 수 있습니다.

챗GPT의 감정 분석 기능이 잘 활용되는 분야 중 하나는 기업용 감정 분석입니다. 감성 분석에는 고객 리뷰나 소셜 미디어 게시물과 같은 대량의 텍스트 데이터를 분석하여 특정 제품, 브랜드 또는 회사와 관련된 전반적인 감정과 감정 어조를 파악하는 것이 포함됩니다.

기업은 챗GPT의 고급 언어 처리 기능을 사용하여 고객 피드백과 소셜 미디어 게시물을 분석하여 브랜드에 대한 고객의 감정과 정서를 더 잘 이해할 수 있습니다. 이를 통해 기업은 개선이 필요한 부분을 파악하고, 부정적인 피드백에 대응하며, 전반적인 고객 만족도를 향상시킬 수 있습니다.

예를 들어, 신제품 출시에 대한 고객 리뷰를 분석하여 제품에 대한 전반적인 감정을 파악하고, 부정적인 감정을 유발하는 공통된 주제나 문제를 식별하고, 이러한 문제를 해결하기 위한 전략을 개발하는 데 챗GPT를 사용할 수 있습니다. 이를 통해 제품을 개선하고 고객 만족도를 높여 궁극적으로 매출과 수익 증대로 이어질 수 있습니다.

전반적으로 챗GPT의 감정 분석 기능은 고객의 감정을 더 잘 이해하고 제품과 서비스를 개선하고자 하는 기업에게 강력한 도구가 될 수 있습니다.

이름 추출

챗GPT는 명명된 객체명 인식(NER: Named Entity extRaction)이라는 기술을 사용하여 주어진 문서에서 이름을 추출할 수 있습니다. 다음은 챗GPT가 문서에서 이름을 추출하기 위해 따를 수 있는 단계입니다:

텍스트 분석: 챗GPT는 먼저 기사의 텍스트를 분석하여 일반적으로 특정 사람, 장소 또는 사물을 지칭하는 단어인 고유 명사를 식별합니다.

개체명 인식 모델: 그런 다음 챗GPT는 텍스트에서 명명된 개체를 인식하도록 훈련된 머신 러닝 알고리즘인 사전 훈련된 개체명 인식

모델을 사용합니다. 이 모델은 텍스트를 분석하고 인식하는 모든 명명된 개체를 식별합니다.

개체 분류: 개체명 인식 모델이 명명된 개체를 식별하면 이를 사람, 조직 또는 위치와 같은 특정 카테고리로 분류합니다.

문맥 이해: 그런 다음 챗GPT는 문맥 이해 기능을 사용하여 명명된 개체가 나타나는 문맥을 분석합니다. 이 분석에는 텍스트에서 명명된 개체의 역할(예: 스토리의 주인공인지, 기사에 인용된 출처인지 등)을 식별하는 것이 포함됩니다.

이름 추출: 텍스트와 문맥에 대한 분석을 바탕으로 챗GPT는 기사에서 이름을 추출하여 언급되는 개인이나 조직을 식별할 수 있습니다.

후처리: 마지막으로 챗GPT는 명명된 개체 인식 결과를 더욱 세분화하기 위해 몇 가지 후처리 단계를 적용할 수 있습니다. 예를 들어, 텍스트에서 직책이나 제품 이름과 같은 특정 유형의 명명된 게체를 나타내는 패턴을 찾을 수 있습니다.

전반적으로 챗GPT는 고급 언어 처리 기능을 사용하여 명명된 개체 인식을 통해 주어진 문서에서 이름을 추출합니다. 텍스트와 문맥을 분석함으로써 챗GPT는 기사에 언급된 개인과 조직을 정확하게 식별하고 추가 분석을 위한 귀중한 인사이트를 제공할 수 있습니다.

아래 프롬프트는 상품 이름을 추출하는 예제입니다. 추출하려는 문장과 **"위 문장에서 나온 제품명을 추출해주세요."**란 지시문을 함께 프롬프트에 넣으면 챗GPT는 "**정답: 갤럭시 S21**"이라고 출력합니다.

문장: 이번에 출시된 갤럭시 S21은 이전 모델보다 더욱 뛰어난 성능과 편리한 기능을 제공하며, 새로운 디자인과 함께 기존 모델보다도 더욱 강력한 하드웨어를 탑재하고 있다. 특히, 120Hz의 고주사율 화면과 선명한 이미지 퀄리티로 게임이나 동영상 시청에 최적화되어 있다는 평가를 받고 있으며, 대용량의 배터리와 5G 네트워크 지원으로 사용자들의 만족도도 높은 편이다.

위 문장에서 나온 제품명을 추출해주세요.

다음은 챗GPT가 명명된 개체 인식을 사용하여 추출할 수 있는 개체명의 몇 가지 예입니다:

사람 이름: "존 스미스", "메리 존슨", "엘론 머스크"

조직 이름: "Apple Inc.", "Microsoft Corporation" 또는 "The United Nations"

위치 이름: "뉴욕시", "프랑스 파리" 또는 "에베레스트 산"

제품 이름: "아이폰", "플레이스테이션", "코카콜라"

이벤트 이름: "슈퍼볼", "아카데미 시상식", "올림픽"

화폐 가치: "500달러", "100만 유로", "20억 엔"

날짜: "2022년 1월 1일", "2023년 11월 30일", "9월 21일"

시간 표현식: "오후 2시 30분", "자정", "다음 주"

챗GPT의 개체명 인식 기능은 뉴스 기사나 소셜 미디어 게시물과 같은 대량의 비정형 텍스트 데이터에서 정보를 추출하는 데 유용하게 활용될 수 있습니다.

예를 들어, 뉴스 조직은 챗GPT를 사용하여 대규모 뉴스 기사 말뭉치에서 명명된 개체명을 추출하여 논의 중인 주제의 트렌드나 패턴을 식별할 수 있습니다. 여기에는 기사에 언급된 주요 인물, 조직 또는 위치를 식별하고 논의되고 있는 제품 또는 서비스 이름을 식별하는 것이 포함될 수 있습니다.

마찬가지로 마케팅 팀은 챗GPT의 개체명 인식 기능을 사용하여 고객 피드백이나 소셜 미디어 게시물에서 정보를 추출할 수 있습니다. 여기에는 피드백을 제공한 고객의 이름을 식별하고 논의 중인 주요 제품이나 기능을 식별하는 것이 포함될 수 있습니다.

챗GPT의 개체명 인식 기능은 정보 검색이나 질문 답변과 같은 작업에도 유용할 수 있습니다. 예를 들어, 사용자가 특정 인물이나 장소에 대해 질문하는 경우 이 기능을 사용하여 텍스트에서 관련 개체를 식별하고 보다 정확하고 관련성 있는 답변을 제공할 수 있습니다.

전반적으로 챗GPT의 개체명 인식 기능은 대량의 비정형 텍스트 데이터에서 가치 있는 정보를 추출하는 강력한 도구가 될 수 있으며,

뉴스 분석, 마케팅, 질의응답 시스템 등 다양한 맥락에서 적용될 수 있습니다.

주제 분류

챗GPT는 언어를 분석하고 패턴과 주제를 식별하여 문서의 콘텐츠를 분류할 수 있습니다. 다음은 챗GPT가 문서의 콘텐츠를 분류하기 위해 따를 수 있는 몇 가지 단계입니다:

텍스트 분석: 챗GPT는 먼저 문서의 텍스트를 분석하여 문서에 있는 핵심 단어, 구문 및 주제를 식별합니다.

문맥 이해: 챗GPT는 문맥 이해 기능을 사용하여 이러한 단어와 구문이 사용된 문맥을 분석합니다. 여기에는 작성자의 관점, 글의 목적, 글의 대상에 대한 이해가 포함됩니다.

주제 식별: 텍스트 분석과 문맥 이해를 바탕으로 챗GPT는 기사에 존재하는 주요 주제 또는 주제를 식별할 수 있습니다. 예를 들어, 신기술 제품에 대한 기사는 "기술" 또는 "혁신"으로 분류될 수 있고, 정치적 사건에 대한 기사는 "정치" 또는 "시사"로 분류될 수 있습니다.

하위 주제 식별: 챗GPT는 하위 주제 또는 하위 주제를 식별하여 기사를 더욱 분류할 수 있습니다. 예를 들어, 신기술 제품에 대한 기사에는 해당 제품의 기능, 이점 또는 업계에 미칠 잠재적 영향과 관련된 하위 주제가 있을 수 있습니다.

어조 분석: 챗GPT는 또한 기사의 어조가 긍정적인지, 부정적인지, 중립적인지 등 기사의 어조를 분석할 수도 있습니다. 이를 통해 작성자의 관점과 기사의 전반적인 정서에 대한 추가적인 인사이트를 얻을 수 있습니다.

분류: 언어, 문맥, 주제, 어조에 대한 분석을 바탕으로 챗GPT는 기사의 내용을 뉴스, 의견, 분석, 리뷰와 같은 광범위한 카테고리로 분류할 수 있습니다.

전반적으로 챗GPT는 고급 언어 처리 기능을 사용하여 언어를 분석하고, 주요 주제와 하위 주제를 식별하고, 어조와 문맥을 고려하여 기사의 콘텐츠를 분류합니다. 아래 예는 뉴스 제목들을 가지고 정치, 경제, 사회 중의 하나로 분류하는 프롬프트 예입니다.

"코로나19, 4차 대유행 가능성 커져" - 보건 당국, 강화된 방역 대책 발표
"트럼프, 대선 승리 주장…결과 불복" - 미국 대선 결과 논란 확대
"우리나라, 태양광 발전 확대 추진" - 재생에너지 정책 강화
"조국, 검찰 수사 진행 중 자택 폭발…가족 4명 다 부상" - 현 정치권 파장
"미국, 중국에 대한 제재 강화" - 미중 관계 긴장 심화
프롬프트: 위 5개 뉴스 기사를 정치, 경제, 사회로 분류하세요. 분류명을 엑셀에서 별도 컬럼으로 읽을 수 있는 형태로 출력해주세요.

챗GPT는 다음과 같은 결과를 낼 수 있습니다. 또한 출력의 형태를 설명하면 그 형태에 맞춰 출력을 합니다. 양식화된 출력물이 나오면 엑셀에 데이터를 올려서 2차 분석을 할 수 있습니다.

"코로나19, 4차 대유행 가능성 커져" - 보건 당국, 강화된 방역 대책 발표 :
사회

"트럼프, 대선 승리 주장…결과 불복" - 미국 대선 결과 논란 확대 : 정치
"우리나라, 태양광 발전 확대 추진" - 재생에너지 정책 강화 : 경제
"조국, 검찰 수사 진행 중 자택 폭발…가족 4명 다 부상" - 현 정치권 파장 : 정치
"미국, 중국에 대한 제재 강화" - 미중 관계 긴장 심화 : 경제

챗GPT의 주제 분류 기능은 마케팅 또는 콘텐츠 제작 목적의 콘텐츠 분석에 유용하게 활용될 수 있습니다. 기사, 블로그 게시물 또는 기타 유형의 콘텐츠의 주제를 분석함으로써 기업은 타겟 고객의 관심사와 선호도에 대한 귀중한 인사이트를 얻고 그에 따라 콘텐츠 전략을 조정할 수 있습니다.

예를 들어, 아웃도어 장비를 판매하는 회사는 챗GPT를 사용하여 웹사이트의 블로그 게시물 주제를 분석하여 잠재 고객에게 가장 인기 있는 주제를 파악할 수 있습니다. 그런 다음 이 정보를 사용하여 인기 있는 주제를 중심으로 더 많은 콘텐츠를 제작하고 잠재 고객의 참여를 더욱 효과적으로 유도할 수 있습니다.

마찬가지로, 콘텐츠 마케팅 팀은 챗GPT를 사용하여 경쟁사 블로그나 기사의 주제를 분석하여 시장의 격차를 파악하고 새로운 콘텐츠 아이디어를 개발할 수 있습니다. 목표 고객에게 공감을 불러일으키는 주제와 주제를 이해함으로써 고객의 요구와 관심사를 충족하는 보다 효과적인 콘텐츠를 만들 수 있습니다.

챗GPT의 주제 분류 기능은 뉴스 분석에도 활용될 수 있습니다. 뉴스 조직은 챗GPT를 사용하여 뉴스 기사를 주제별로 분류함으로써 뉴스의 트렌드와 패턴을 파악하고 고객에게 보다 타겟화된 뉴스를

제공할 수 있습니다.

전반적으로 챗GPT의 토픽 분류 기능은 잠재 고객을 더 잘 이해하고 보다 효과적인 콘텐츠를 제작하고자 하는 기업과 조직에게 강력한 도구가 될 수 있습니다. 기사 및 기타 유형의 콘텐츠의 주제를 분석함으로써 고객의 관심사와 선호도에 대한 귀중한 통찰을 얻고 그에 따라 콘텐츠 전략을 조정할 수 있습니다.

논거 추출

챗GPT의 강력한 요약 능력을 한번 더 응용하면 강력한 고급 요약인 논거 추출도 가능합니다. 챗GPT에 논거를 추출을 요청하려면 먼저 모델이 논거를 생성하기를 원하는 논증을 입력해야 합니다. 프롬프트에 넣는 논증은 모델이 명확하고 설득력 있는 논증을 생성하도록 안내할 수 있을 정도로 구체적이어야 합니다. 예를 들어 온라인 학습의 효과에 대한 논증을 생성하려면 아래와 같이 프롬프트에 입력할 수 있습니다.

온라인 학습은 기존의 대면 학습보다 학생들을 교육하는 데 더 효과적인 방법입니다. 이 진술에 대해 찬성 또는 반대하세요.

프롬프트를 입력하면 챗GPT가 논증의 문맥을 분석하여 프롬프트에 적합한 논거를 생성합니다. 이 모델은 딥러닝 기능을 사용하여 명확하고 간결한 논제를 생성하고 자연어 처리 기술을 사용하여 문맥에 적합하고 설득력이 높은 논거를 생성합니다.

챗GPT가 생성한 논증은 정확하고 관련성이 있으며 오류가 없는지 확인하기 위해 반드시 사람이 추가로 검토하고 편집해야 합니다. 챗GPT는 대필 작가이지 논증의 진위 여부를 판단하지 못합니다. 하지만 사람의 검증이 끝나 최종적으로 완성된 논증은 학술적 글쓰기부터 콘텐츠 제작에 이르기까지 다양한 용도로 사용할 수 있습니다.

전반적으로 챗GPT는 문맥에 적절하고 설득력이 높으며 사람이 작성한 글과 거의 구별할 수 없는 글의 논거를 생성하는 강력한 도구입니다. 다양한 주제에 대해 체계적이고 설득력 있는 논거를 생성하는 기능 덕분에 글쓰기 기술을 향상시키거나 글쓰기 프로세스를 간소화하고자 하는 모든 사람에게 유용한 리소스가 될 것입니다.

여러 사람이 같은 주제에 대해 글을 쓰고 챗GPT에 각자의 주장의 차이점을 요약해 달라고 요청하면, 모델은 자연어 처리 기능을 사용하여 각 글의 핵심을 파악하고 주장 간의 유사점과 차이점을 요약하여 생성할 수 있습니다.

예를 들어, 두 사람이 인공지능이라는 주제에 대해 한 사람은 인공지능이 인류에게 심각한 위협이 될 수 있다고 주장하고 다른 사람은 인공지능이 인류에게 도움이 될 수 있다고 주장하는 경우, 아래와 같이 프롬프트에 입력할 수 있습니다.

첫 번째 주장은 [인공 지능이 인류에게 위협이 된다]입니다. 두 번째 주장은 [인공 지능이 인류에게 도움이 된다]입니다. 이 두 주장의 공통점과 차이점을 설명하고 어떤 주장이 더 정확한지 귀하의 관점을 제시해 주시겠어요?

그러면 챗GPT가 기사를 분석하고 주요 논거를 파악한 후 두 관점의 차이점에 대한 요약을 생성합니다. 요약에 따르면 두 필자 모두 인공지능의 잠재력에 대해서는 동의하지만, 한 필자는 인공지능과 관련된 위험이 잠재적 이점보다 크다고 주장하고, 다른 필자는 인공지능의 이점을 다양한 방식으로 활용하여 사회를 개선할 수 있다고 주장하고 있음을 알 수 있습니다.

전반적으로 챗GPT는 특정 주제에 대한 여러 필자의 주장을 비교하고 요약하는 데 유용한 도구가 될 수 있습니다. 복잡한 주장을 간결하고 정확하게 요약할 수 있기 때문에 특정 분야의 주요 이슈와 논쟁에 대해 더 깊이 이해하고자 하는 모든 사람에게 유용한 리소스입니다.

굿 코더

챗GPT 자체는 코드를 생성하지 않지만 프로그래머가 자연어 명령을 사용하여 코드를 생성하는 데 도움을 줄 수 있습니다. 이는 자연어 처리(NLP) 및 머신 러닝 기술을 사용하여 수행됩니다.

챗GPT가 코드 생성을 돕는 방법에는 여러 가지가 있습니다. 한 가지 접근 방식은 특정 작업이나 문제에 맞게 사용자 지정할 수 있는 미리 작성된 코드 블록인 코드 템플릿 또는 스니펫을 사용하는 것입니다. 챗GPT는 사용자가 제공한 자연어 지침에 따라 관련 코드 조각을 제안하는 데 도움을 줄 수 있습니다. 다음 프롬프트를 사용하여 필요한 코드 조각을 담은 함수를 생성할 수 있습니다.

주어진 문자열 안의 공백을 콤마로 변경하는 파이선 함수를 작성해줘.

```
def replace_space_with_comma(string):
    return string.replace(" ", ",")
```

또 다른 접근 방식은 언어 모델과 머신 러닝 기술을 사용하여 자연어 명령어에서 코드를 생성하는 것입니다. 여기에는 코드와 자연어 명령어의 대규모 데이터 세트에 대한 모델 학습을 통해 둘 사이의 패턴과 관계를 학습할 수 있습니다. 모델이 학습되면 사용자가 제공한 자연어 입력을 기반으로 코드를 생성할 수 있습니다.

다음은 BeautifulSoup 라이브러리를 사용하여 웹 페이지의 콘텐츠를 검색하고 텍스트 파일에 저장하는 Python 코드를 생성하는 프롬프트 입니다.

웹 페이지를 읽고 텍스트 파일로 변환하는 Python 코드를 생성합니다.

챗GPT는 위 프롬프트를 받으면 BeautifulSoup 라이브러리를 사용하여 웹 페이지의 콘텐츠를 검색하고 텍스트 파일에 저장하는 다음과 같은 Python 코드를 생성하고, 코드 조각들을 하나 하나 설명합니다.

```
import requests

# 웹 페이지 주소
url = "https://www.example.com"

# GET 요청을 보내서 웹 페이지 응답을 받아옴
response = requests.get(url)
```

```python
# 웹 페이지의 내용을 텍스트 형식으로 추출
text = response.text

# 텍스트 파일로 저장
with open("example.txt", "w") as f:
    f.write(text)
```

위 프롬프트로 생성된 코드를 보고 궁금한 질문을 할 수도 있고, 수정을 요청할 수도 있습니다. 여러 번의 연속된 프롬프트를 사용하여 완전히 동작하는 작은 코드는 충분히 만들 수 있습니다.

하지만 자연어로 코드를 생성하는 것은 여전히 복잡하고 어려운 작업이며, 현재 기술로 달성할 수 있는 것에는 한계가 있다는 점에 유의하는 것이 중요합니다. 챗GPT 및 기타 자연어 처리 도구가 코드 생성에 도움을 줄 수는 있지만, 프로그래밍 언어와 개념을 깊이 이해하고 있는 숙련된 프로그래머를 대체할 수는 없습니다.

코딩 관련 질문에 대해 챗GPT가 생성하는 답변의 품질은 모델을 학습시키는 데 사용된 학습 데이터에서 프로그래밍 언어의 인기도에 따라 달라질 수 있습니다.

이는 언어 모델의 프로그래밍 개념과 구문에 대한 이해가 주로 학습된 데이터에서 학습한 패턴을 기반으로 하기 때문입니다. 특정 프로그래밍 언어로 작성된 코드 예제가 많이 포함된 크고 다양한 데이터 세트에서 모델을 학습한 경우 해당 언어와 관련된 고품질 답변을 생성할 가능성이 높습니다.

반면에 특정 언어로 작성된 코드 예제가 상대적으로 적은 작거나 덜 다양한 데이터 세트로 모델을 학습시킨 경우 해당 언어와 관련된 질문을 받았을 때 성능이 떨어질 수 있습니다. 이러한 경우 모델이 해당 언어의 구문이나 의미를 이해하는 데 어려움을 겪을 수 있으며, 이로 인해 품질이 낮은 답변이 나올 수 있습니다.

하지만 챗GPT와 같은 최신 언어 모델은 매우 방대한 데이터 세트에 대해 학습되며 다양한 프로그래밍 언어의 패턴과 관계를 학습할 수 있다는 점에 유의해야 합니다. 답변의 품질은 사용되는 언어에 따라 다를 수 있지만, 일반적으로 이 모델은 다양한 프로그래밍 언어로 코드를 생성하고 코딩 관련 질문에 답하는 데 매우 능숙합니다.

2021년 GitHub의 개발 언어 순위 보고서에 따르면, 2021년 1분기 동안 플랫폼에서 생성된 신규 리포지토리에 가장 많이 사용된 프로그래밍 언어 상위 10가지는 다음과 같습니다:

1. JavaScript
2. Python
3. Java
4. Go
5. Ruby
6. C++
7. TypeScript
8. PHP
9. C#
10. C

전반적으로 챗GPT는 코딩 관련 질문에 대한 답변을 생성할 수 있지만, 답변의 품질과 정확도는 학습 데이터에서 프로그래밍 언어의 인기도, 질문의 복잡성 등 다양한 요인에 따라 달라질 수 있다는 점을 염두에 두어야 합니다.

추천

챗GPT는 방대한 양의 데이터로 대규모 신경망을 학습시키는 딥러닝이라는 AI 유형을 기반으로 합니다. 챗GPT의 경우 책, 기사, 온라인 콘텐츠 등 다양한 텍스트 데이터로 모델을 학습시켰습니다.

사용자가 챗GPT에 질문이나 문장을 입력하면 모델은 텍스트를 처리하고 학습 데이터에서 학습한 패턴에 따라 응답을 생성합니다. 이 모델은 복잡한 알고리즘을 사용하여 입력 텍스트를 분석하고 주요 개념과 개체를 식별하여 관련성이 높고 유익한 응답을 생성합니다.

쉬운 이해를 위해 간단한 예를 들겠습니다. 사용자가 보유한 책 목록을 제공하면 이 책의 내용, 장르, 작가, 문체, 테마 등을 기반으로 챗GPT가 책을 추천하는 프롬프트 예시입니다.

제가 소장하고 있는 책 목록은 다음과 같습니다: 하퍼 리의 '앵무새 죽이기', 조지 오웰의 '1984', 제인 오스틴의 '오만과 편견', F. 스콧 피츠제럴드의 '위대한 개츠비'
제가 소장하고 있는 책을 바탕으로 읽을 만한 책을 5권 추천해 주시겠어요?

위 프롬프트는 다음과 같은 답변을 출력할 수 있습니다. 챗GPT가 출력한 답변은 고전적인 추천 알고리즘의 출력에 대한 설명과 매우 유사합니다. 추천 프롬프트 내용을 조금씩 바꾸면서 챗GPT의 출력 변화를 유심히 관찰하는 것도 추천을 이해하는 좋은 방법입니다.

당신이 좋아할 만한 다음 책 추천 목록입니다.
레이첼 조이스의 '어머니 복수의 서곡'
마크 트웨인의 '허클베리 핀의 모험'
존 스타인벡의 '사람 중에 나도 이런 사람이다'
윌리엄 골딩의 '파리에서 온 소년'
헨리 데이비드 소로의 '차라투스트라는 이렇게 말했다'

이 추천 목록은 여러분이 소장하고 있는 책과 비슷한 장르와 분위기를 가진 책들입니다. '앵무새 죽이기'와 '1984'는 비슷한 장르와 분위기를 가진 책들로, 레이첼 조이스의 '어머니 복수의 서곡'도 비슷한 톤의 소설입니다. 또한 '오만과 편견'은 영국 소설의 대표작 중 하나이며, 존 스타인벡의 '사람 중에 나도 이런 사람이다'는 일상적인 상황을 다룬 소설입니다. 마지막으로, 헨리 데이비드 소로의 '차라투스트라는 이렇게 말했다'는 철학적인 내용을 다룬 작품으로, F. 스콧 피츠제럴드의 '위대한 개츠비'와 비슷한 분위기를 가진 작품입니다.

다음은 챗GPT가 추천을 활용할 수 있는 후보 영역들입니다:

건강 및 피트니스: 사용자가 건강을 유지하는 방법에 대한 조언을 챗GPT에 요청할 수 있습니다. 챗GPT는 훈련 데이터를 분석하여 규칙적인 운동, 균형 잡힌 식단, 충분한 수면, 스트레스 관리와 같은 가능한 옵션 세트를 생성할 수 있습니다. 그런 다음 사용자의 특정 요구와 목표에 따라 챗GPT는 사용자의 건강을 유지하는 데 도움이

될 수 있는 특정 운동 루틴, 식단 계획 또는 스트레스 관리 기술을 추천할 수 있습니다.

개인 금융: 사용자가 개인 재정 관리 방법에 대한 조언을 챗GPT에 요청할 수 있습니다. 챗GPT는 훈련 데이터를 분석하여 예산 수립, 은퇴를 위한 저축, 주식 시장 투자 또는 부채 상환과 같은 가능한 옵션 세트를 생성할 수 있습니다. 그런 다음 사용자의 재정 상황과 목표에 따라 특정 투자 포트폴리오 또는 신용 카드 사용과 같은 특정 재무 전략을 추천하여 보상을 극대화하고 수수료를 최소화할 수 있습니다.

경력 개발: 사용자가 챗GPT에 경력 개발 방법에 대한 조언을 요청할 수 있습니다. 챗GPT는 교육 데이터를 분석하여 새로운 기술 구축, 다른 전문가와의 네트워킹, 멘토링 또는 추가 교육 추구와 같은 가능한 옵션 세트를 생성할 수 있습니다. 그런 다음 사용자의 특정 경력 목표와 경험을 바탕으로 챗GPT는 사용자의 경력 발전에 도움이 될 수 있는 특정 경력 경로, 구직 전략 또는 기술 구축 프로그램을 추천할 수 있습니다.

이러한 각 예에서 챗GPT는 자연어 처리 및 머신 러닝 기능을 사용하여 사용자의 질문을 분석하고 가능한 옵션 또는 일련의 행동 방침을 생성합니다. 그런 다음 사용자의 특정 요구 사항과 목표에 따라 챗GPT는 사용자의 개별 상황에 맞는 추천을 제공합니다. 그러나 챗GPT의 추천 품질과 정확도는 학습 데이터의 품질과 양, 그리고 자연어 처리 및 머신 러닝 알고리즘의 내재적 한계에 따라 달라질 수 있다는 점에 유의해야 합니다.

유사 창의력

창의성은 독창적이고, 예상치 못한, 의미 있는 새롭고 가치 있는 아이디어, 개념 또는 솔루션을 만들어내는 능력입니다. 창의성은 인간 인지의 근본적인 측면이며 역사적으로 과학, 기술, 예술, 문화의 발전에 중요한 역할을 해왔습니다. 창의성은 특정 영역이나 분야에 국한되지 않고 예술적 표현과 과학적 연구부터 기업가적 혁신과 문제 해결에 이르기까지 다양한 활동에서 관찰될 수 있습니다.

창의성에 대한 이론은 여러 가지가 있지만, 대부분 인지 과정, 성격 특성, 환경적 요인이 복합적으로 작용한다는 데 동의합니다. 창의성의 근간이 되는 것으로 여겨지는 주요 인지 과정에는 다음이 포함됩니다:

발산적 사고: 발산적 사고는 문제나 도전에 대해 여러 가지 다양한 아이디어나 해결책을 생각해내는 능력입니다. 발산적 사고는 위험을 감수하고, 기존 패턴에서 벗어나고, 틀에 박힌 사고에서 벗어나려는 의지가 특징입니다.

유추적 추론: 유추 추론은 서로 관련이 없어 보이는 개념이나 아이디어를 연결하고 연관시켜 새로운 인사이트나 해결책을 도출하는 능력입니다.

인큐베이션: 인큐베이션은 문제나 과제를 한쪽에 두고 적극적으로 집중하지 않고 무의식적으로 그 문제를 해결하도록 하는 과정입니다. 이를 통해 의식적인 노력만으로는 불가능했을 새로운 관점과 아이디어가 떠오를 수 있습니다.

인지적 과정 외에도 경험에 대한 개방성, 호기심, 끈기와 같은 성격적 특성도 창의성과 관련이 있습니다. 사회적 맥락, 문화, 교육과 같은 환경적 요인도 창의성을 촉진하거나 저해하는 역할을 할 수 있습니다.

창의성은 흔히 인간의 고유한 특성으로 여겨지지만, 최근 인공지능과 머신러닝의 발전으로 음악, 미술, 문학 등 창의적인 결과물을 생성할 수 있는 컴퓨터 프로그램이 개발되고 있습니다. 그러나 컴퓨터가 만들어내는 창의성의 본질과 범위는 여전히 이 분야 전문가들 사이에서 논쟁의 대상이 되고 있습니다.

챗GPT의 창의성에 대한 한 가지 주장은 기존의 방대한 양의 인간이 작성한 텍스트에서 파생된 통계적 패턴으로만 작동하며, 인간의 창의성을 특징짓는 자발적이고 참신하며 종종 예측할 수 없는 특성이 부족하다는 것입니다. 챗GPT는 주어진 프롬프트에 대해 다양한 응답을 생성할 수 있지만, 학습 데이터에서 추출한 패턴과 확률에 기반한 결과물을 생성하는 데 한계가 있습니다.

비평가들은 챗GPT가 진정으로 새로운 것을 창조하는 것이 아니라 기존의 아이디어와 정보를 새로운 방식으로 재포장하고 재조합하는 것에 불과하다고 주장합니다. 또한 챗GPT는 자기 성찰과 자기 인식 능력이 부족하며 기존의 학습 데이터와 완전히 독립적인 아이디어나 개념을 생성할 수 없다고 지적합니다.

챗GPT의 창의성에 대한 또 다른 주장은 노출된 훈련 데이터의 범위와 다양성에 의해 제한되기 때문에 완전히 새롭고 예측할 수 없는 새로운 아이디어나 개념을 생성하는 능력이 부족하다는 것입니다. 즉, 챗봇은 주어진 프롬프트에 대해 그럴듯하고 일관된 응답을 생성할 수는 있지만 기존의 규범과 관습에 도전하는 진정으로 획기적이거나 파괴적인 아이디어를 생성하는 데 어려움을 겪을 수 있습니다.

유창하고 일관되며 문맥에 적합한 텍스트를 생성하는 챗GPT의 능력은 인상적이지만 창의성의 본질과 범위는 해당 분야의 전문가들 사이에서 여전히 논쟁의 대상이 되고 있다는 점에 유의하는 것이 중요합니다. 일부에서는 챗GPT가 진정으로 창의적인 AI 시스템을 개발하기 위한 중요한 단계라고 주장하지만, 다른 사람들은 진정한 창의성과 혁신을 위한 능력에 대해 회의적인 시각을 유지하고 있습니다.

챗GPT는 인간과 같은 유형의 창의성과 독창성을 가지고 있지는 않지만, 주어진 프롬프트의 제약 내에서 때때로 영리하고 예상치 못한 응답을 생성할 수 있습니다.

예를 들어, 사용자가 "인생의 의미는 무엇인가요?"라는 질문을 챗GPT에 입력한다고 가정해 보겠습니다. 챗GPT는 "**삶의 의미는 주관적이며 개인의 가치관, 신념, 경험에 따라 달라집니다.**"와 같은 응답을 생성할 수 있습니다. 이 답변은 일반적이거나 예측 가능한 답변처럼 보일 수 있지만, 챗GPT는 "**또는 어떤 사람들은 인생의 의미는 좋은 커피 한 잔이나 아름다운 일몰과 같은 소박한 즐거움을 즐기는 것이라고 말할 수도 있습니다.**"와 같이 영리하고 예상치 못한 답변을 이어서 제공할 수도 있습니다.

이 답변은 원래 질문을 발판으로 삼아 여전히 맥락에 맞는 유쾌하고 예상치 못한 답변을 생성하기 때문에 영리합니다. 이는 삶의 의미와 같은 무거운 철학적 개념을 논의할 때에도 유머와 장난기를 인식하고 답변에 통합할 수 있는 챗GPT의 능력을 보여줍니다.

이러한 유형의 응답이 인간이 만든 예술이나 문학처럼 진정한 창의성이나 혁신을 나타내는 것은 아니지만, 주어진 프롬프트의 제약 내에서 예상치 못한 상황에 적합한 응답을 생성하는 챗GPT의 능력을 보여줍니다.

예상치 못한 연상을 유도하기 위해 측면적 사고와 자유로운 연상을 유도하는 질문을 할 수 있습니다. 다음은 이러한 질문의 몇 가지 예입니다:

물리 법칙이 갑자기 바뀌면 어떻게 될까요?

이 질문은 응답자가 서로 다른 물리 법칙이 서로 어떻게 상호 작용할 수 있는지 고려하게 함으로써 예상치 못한 연상을 유도하여 잠재적으로 놀랍고 상상력이 풍부한 시나리오를 이끌어냅니다.

과거로 돌아가 역사적 사건 하나를 바꿀 수 있다면 어떤 사건을 선택하시겠습니까?

이 질문은 응답자가 주요 역사적 사건을 변경했을 때의 결과를 고려하도록 함으로써 예상치 못한 연상을 유도하여 상상력이 풍부하고 놀라운 대체 역사로 이어질 수 있습니다.

역사 속 인물 중 두 사람을 선택하여 대화를 나눌 수 있다면 누구이며 어떤 이야기를 나누고 싶으신가요?

이 질문은 응답자가 두 역사적 인물이 상호 작용할 때 발생할 수 있는 잠재적 결과를 고려하도록 함으로써 예상치 못한 연상을 유도하여 놀랍고 상상력이 풍부한 시나리오를 만들 수 있습니다.

이러한 유형의 질문은 측면적 사고와 자유로운 연상을 장려함으로써 응답자의 머릿속에서 예상치 못한 상상력을 자극하여 새롭고 창의적인 아이디어를 이끌어내는 데 도움이 될 수 있습니다.

챗GPT의 한계

2021년생

프롬프트에 **"지금 몇 년이지?"** 를 넣으면 챗GPT는 자신이 학습된 시간을 대략 알려줍니다. 2023년 2월 현재 챗GPT는 2021년까지의 정보만 알고 있다고 알려줍니다.

AI 언어 모델인 챗GPT는 성능과 정확도를 향상시키기 위해 새로운 데이터로 지속적으로 학습하고 업데이트하고 있습니다. 챗GPT 학습에 사용되는 가장 최신 데이터는 모델의 특정 버전에 따라 다릅니다.

예를 들어, 가장 큰 버전의 챗GPT인 GPT-3는 웹 페이지, 책, 과학 논문 등 다양한 소스가 포함된 570GB가 넘는 텍스트 데이터 세트로 학습되었습니다. GPT-3의 학습 데이터는 2020년까지 수집되었으며, 2020년 초에 모델의 최종 미세 조정이 이루어졌습니다.

그 이후로 연구원과 개발자들은 새로운 데이터와 기법을 사용해 챗GPT의 기능을 개선하고 업데이트하는 작업을 계속해왔습니다. 즉, 챗GPT의 초기 개발에 사용된 학습 데이터가 수집된 지 얼마 되지 않았더라도 모델이 최신의 효과를 유지할 수 있도록 지속적으로 업데이트되고 미세 조정되고 있습니다.

전반적으로 챗GPT를 학습시키는 데 사용된 가장 최근 데이터의 정확한 날짜는 모델의 특정 버전과 모델 개발 팀의 지속적인 연구 개발 노력에 따라 달라질 수 있습니다. 하지만 챗GPT는 자연어 처리의 최첨단을 유지하기 위해 항상 최신 데이터와 기술로 업데이트되는, 끊임없이 진화하고 개선되는 기술이라고 해도 과언이 아닙니다.

챗GPT는 기존 텍스트 데이터 집합을 기반으로 하는 언어 모델이기 때문에 실시간 데이터를 사용하여 응답할 수 없습니다. 이 모델은 모델이 배포되기 전에 수집 및 처리된 대규모 데이터 말뭉치에 대해 학습되었으며, 이 데이터를 사용하여 응답을 생성합니다.

챗GPT는 사용자의 프롬프트와 입력을 사용하여 응답을 생성할 수 있지만 데이터베이스나 실시간 분석 플랫폼과 같은 방식으로 실시간 데이터에 액세스하거나 분석할 수 있는 기능은 없습니다. 이는 이 모델이 구조화된 데이터나 API와 상호 작용하는 것이 아니라 자연어 데이터를 처리하도록 특별히 설계되었기 때문입니다.

즉, 챗GPT는 학습 데이터를 기반으로 특정 작업에 맞게 미세 조정된 프롬프트와 질문에 대한 텍스트 기반 응답을 생성하는 툴입니다. 데이터 스트림이나 API를 기반으로 실시간 인사이트나 분석을 생성하는 기능은 없으며, 데이터 처리나 분석 도구로 사용하기 위한 것이 아닙니다.

특정 주제나 질문에 대해 학습하지 않은 챗GPT는 정확하거나 관련성 있는 답변을 생성하지 못할 수 있습니다. 이러한 상황에서는 챗GPT가 특정 주제나 문맥에 대해 학습하지 않은 경우에도 질문에 답변하는 데 사용할 수 있는 몇 가지 전략이 있습니다.

질문을 의역하기: 챗GPT가 특정 질문에 대한 답변을 생성할 수 없는 경우 질문을 좀 더 일반적인 질문으로 바꾸거나 다른 방식으로 질문해 볼 수 있습니다. 이렇게 하면 주제나 맥락과 관련된 챗GPT의 응답을 촉발시키는 데 도움이 될 수 있습니다.

문맥 추가 제공: 특정 질문에 대한 응답을 생성하는 데 챗GPT가 어려움을 겪고 있다면 주제나 질문에 대한 추가 문맥이나 정보를 제공해 볼 수 있습니다. 이렇게 하면 챗GPT가 주제를 더 잘 이해하는 데 도움이 될 수 있으며, 더 정확하고 관련성 있는 응답을 생성할 수 있습니다.

질문 재구성하기: 챗GPT가 특정 질문에 대한 응답을 생성할 수 없는 경우 질문을 좀 더 구체적으로 바꾸거나 다른 방식으로 질문해 볼 수 있습니다. 이렇게 하면 주제나 맥락과 관련된 챗GPT의 응답을 촉발시키는 데 도움이 될 수 있습니다.

전반적으로 챗GPT가 특정 주제나 질문에 대해 학습하지 못한 경우 질문에 답변하는 데 사용할 수 있는 몇 가지 전략이 있습니다. 외부 소스를 사용하거나, 질문을 의역하거나, 추가 문맥을 제공하거나, 질문을 재구성하면 챗GPT가 관련 정보나 문맥을 모두 파악하지 못하는 상황에서도 보다 정확하고 적절한 답변을 생성하는 데 도움이 될 수 있습니다.

다음과 같은 2개의 프롬프트를 순서대로 2021년생 챗GPT에 알려주면 추가 문맥을 제공하여 잘못된 답변을 수정할 수 있습니다. 아래 예제 프롬프트는 단순하지만 좀더 많은 문맥을 제공함으로써 2022년생의 제약을 완화하는 방법을 제시합니다.

프롬프트:
한국 대통령은 누구입니까?
프롬프트
2023년 현재 한국 대통령은 윤석열입니다.
한국 대통령은 누구입니까?

영어 쟁이

언어도 챗GPT에 질문할 때 고려해야 할 제한 사항이 될 수 있습니다. 이 모델은 다양한 언어로 텍스트를 처리할 수 있지만 사용 중인 언어에 따라 성능과 정확도가 달라질 수 있습니다.

챗GPT는 주로 영어 텍스트로 학습되었기 때문에 다른 언어로 된 질문 및 프롬프트에 대한 응답을 생성하는 데 덜 효과적일 수 있습니다. 다른 언어로 응답을 생성하는 데 챗GPT를 사용할 수는 있지만 응답의 품질과 정확도가 영어만큼 높지 않을 수 있습니다.

또한 복잡한 문법 구조나 구문을 가진 언어의 응답을 생성하는 데 챗GPT가 어려움을 겪을 수 있습니다. 이로 인해 언어의 뉘앙스를 정확하게 처리하고 이해하는 능력이 제한되어 응답 품질이 낮아질 수 있습니다.

챗GPT가 생성하는 응답의 정확도는 입력 데이터의 품질, 질문의 복잡성, 사용 중인 모델의 특정 버전 등 다양한 요인에 따라 달라질 수 있습니다.

하지만 챗GPT는 주로 영어 텍스트로 학습되었기 때문에 한국어로 된 질문보다 영어로 된 질문에 대한 응답을 더 정확하게 생성할 수 있습니다. 이는 모델이 더 큰 규모의 영어 텍스트 데이터 세트로 학습되어 영어의 뉘앙스에 더 많이 노출되었기 때문입니다.

그렇긴 하지만, 입력 데이터의 품질이 높고 질문이 비교적 간단한 경우 한국어 질문에 대한 챗GPT의 응답 정확도는 여전히 상당히 높을 수 있습니다. 또한, 한국어 텍스트에 대해 특별히 학습된 챗GPT 버전이 있어 한국어 질문에 대한 응답을 더 정확하게 생성할 수도 있습니다.

한국어로 질문하거나 한국어를 영어로 번역하여 챗GPT에서 사용할 때, 입력 데이터의 품질, 질문의 복잡성, 사용 중인 모델의 특정 버전 등 다양한 요인에 따라 모델에서 생성되는 응답의 정확도가 달라질 수 있습니다.

일반적으로 챗GPT는 단순하거나 간단한 질문에 대한 응답을 생성하는 데 더 적합하며, 복잡하거나 미묘한 질문에는 어려움을 겪을 수 있습니다. 번역 과정에서 입력 데이터에 오류나 부정확성이 발생할 수 있으며, 이는 모델에서 생성된 응답의 정확성과 관련성에 부정적인 영향을 미칠 수 있으므로 번역을 처리할 때 특히 그러합니다.

그렇기 때문에 한국어로 질문하거나 한국어를 영어로 번역할 때 챗GPT의 응답 정확도를 높이기 위해 사용할 수 있는 몇 가지 전략이 있습니다:

고품질 번역기 사용: 챗GPT의 응답 정확도는 입력 데이터의 품질에 따라 달라지므로 한국어로 질문하거나 한국어를 영어로 번역할 때 고품질의 번역기를 사용하는 것이 중요합니다.

복잡한 질문 단순화: 챗GPT는 복잡하거나 미묘한 질문에는 어려움을 겪을 수 있으므로 보다 정확하고 관련성 높은 답변을 생성하려면 가능한 한 질문을 단순화하는 것이 도움이 될 수 있습니다.

여러 번역 도구 사용: 챗GPT에서 사용하기 위해 한국어를 영어로 번역할 때 여러 번역 도구를 사용하여 번역의 정확성을 확인하고 오류나 부정확성의 위험을 줄이는 것이 도움이 될 수 있습니다.

전반적으로 챗GPT는 한국어로 질문에 대한 답변을 생성하거나 한국어에서 영어로 번역하는 데 사용할 수 있지만, 비판적이고 정보에 입각한 관점으로 모델에 접근하고 모델에서 생성된 답변의 정확성과 관련성을 개선하기 위한 조치를 취하는 것이 중요합니다.

웹 브라우저의 확장 도구를 사용하면 번역으로 인한 불편함을 크게 줄일 수 있습니다. 다양한 언어 번역 확장도구가 있습니다. 편리한 챗GPT 전용 도구도 많습니다. 영어가 불편하다면 확장 도구를 설치해서 사용할 것을 권장합니다.

편향성

다른 머신 러닝 모델과 마찬가지로 챗GPT도 생성하는 텍스트의 정확성과 관련성에 영향을 미칠 수 있는 편향이 있을 수 있습니다. 편향성은 모델 학습에 사용되는 데이터, 응답을 생성하는 데 사용되는 알고리즘, 모델이 실제로 사용되는 방식 등 여러 가지 방식으로 발생할 수 있습니다.

챗GPT에서 편향성이 나타날 수 있는 일반적인 방법 중 하나는 편향되거나 품질이 낮은 훈련 데이터를 사용하는 것입니다. 모델을 훈련시키는 데 사용되는 입력 데이터가 편향되거나 어떤 식으로든 제한되어 있으면 결과 모델이 편향되거나 품질이 낮은 응답을 생성할 가능성이 더 높습니다. 예를 들어, 훈련 데이터에 특정 인구 통계 그룹이나 문화의 텍스트가 불균형하게 많이 포함되어 있는 경우 모델은 해당 그룹의 관점을 반영하거나 편향된 응답을 생성할 가능성이 더 높습니다.

응답을 생성하는 데 사용되는 알고리즘이 공정하거나 공평하게 설계되지 않은 경우에도 편향성이 발생할 수 있습니다. 예를 들어 알고리즘이 특정 유형의 응답이나 특정 언어 패턴에 편향되어 있는 경우 챗GPT에서 생성되는 결과 텍스트가 해당 패턴이나 응답에 유리하게 편향될 수 있습니다.

마지막으로, 실제로 챗GPT가 사용되는 방식에서도 편향성이 발생할 수 있습니다. 예를 들어 텍스트를 생성하는 데 사용되는 프롬프트나 질문이 어떤 식으로든 편향되어 있으면 챗GPT가 생성하는 결과 텍스트도 편향될 수 있습니다. 마찬가지로 모델이 기존의 편견이나 고정 관념을 강화하는 방식으로 사용되는 경우 모델에 의해 생성된 결과 텍스트에 이러한 편견이나 고정 관념이 반영될 수 있습니다.

전반적으로 챗GPT의 편견은 다양한 방식으로 나타날 수 있으며, 비판적이고 정보에 입각한 관점을 가지고 모델에 접근하는 것이 중요합니다. 편향의 가능성을 인식하고 이를 완화하기 위한 조치를 취함으로써 챗GPT를 효과적으로 사용하고 다양한 애플리케이션에 정확하고 관련성 높은 텍스트를 생성할 수 있습니다.

챗GPT가 생성하는 텍스트는 편향적일 수 있으며, 이는 다양한 이해관계자에게 부정적인 결과와 위험을 초래할 수 있습니다. 챗GPT가 생성하는 편향된 텍스트의 몇 가지 위험은 다음과 같습니다:

고정관념의 강화: 모델 학습에 사용된 입력 데이터에 편향되거나 고정관념이 있는 콘텐츠가 포함되어 있는 경우 챗GPT가 생성한 결과 텍스트가 이러한 편견과 고정관념을 강화할 수 있습니다. 예를 들어, 모델이 특정 직업이 특정 성별과 연관되어 있다는 것을 학습한 경우 이러한 편견과 고정 관념을 반영하는 텍스트를 생성할 수 있습니다.

특정 그룹에 대한 소외: 챗GPT가 생성하는 편향된 텍스트는 소수 민족이나 문화적 소수자 또는 장애인과 같은 특정 집단을 소외시키

는 데 기여할 수 있습니다. 예를 들어, 모델이 특정 그룹이 부정적인 고정 관념과 연관되어 있다는 것을 학습한 경우 이러한 고정 관념을 반영하여 해당 그룹의 소외를 강화하는 텍스트를 생성할 수 있습니다.

의사 결정에 부정적인 영향: 챗GPT에서 생성된 편향된 텍스트가 의사 결정에 사용될 경우 차선책 또는 불공정한 결과를 초래할 수 있습니다. 예를 들어, 입사 지원 프로세스를 위한 텍스트를 생성하는 데 모델을 사용하는 경우 편향된 텍스트로 인해 성별, 인종 또는 문화적 배경에 대한 편견으로 인해 자격을 갖춘 지원자가 간과될 수 있습니다.

신뢰와 공신력 상실: 챗GPT에서 생성된 편향된 텍스트는 모델과 이를 사용하는 조직에 대한 신뢰와 공신력을 잃게 할 수 있습니다. 사용자가 모델에 의해 생성된 텍스트가 편향되거나 불공정하다고 인식하면 모델을 사용하거나 그 결과에 의존할 가능성이 낮아질 수 있습니다.

법적 및 윤리적 위험: 마지막으로 챗GPT가 생성한 편향된 텍스트는 이를 사용하는 조직에 법적 및 윤리적 위험을 초래할 수 있습니다. 예를 들어, 모델이 차별이나 불공정한 대우로 이어지는 편향된 텍스트를 생성하는 경우 조직은 법적 또는 윤리적 위반에 대한 책임을 져야 할 수 있습니다.

전반적으로 챗GPT가 생성하는 편향된 텍스트의 위험은 모델과 그 결과물에서 편향성을 방지하기 위한 조치를 취하는 것이 중요하다는 점을 강조합니다. 여기에는 입력 데이터를 다양화하고, 편향성을 제거하기 위해 데이터를 사전 처리하고, 편향성에 대한 모델을 감사 및 테스트하고, 모델 사용에 윤리적 고려 사항을 통합하는 것이 포함됩니다. 잠재적인 위험을 인식하고 이를 해결하기 위한 조치를 취함으로써 챗GPT를 효과적으로 사용하고 정확하고 공정하며 포용적인 텍스트를 생성할 수 있습니다.

챗GPT에서 생성된 편향된 텍스트와 관련된 위험을 완화할 수 있는 몇 가지 방법이 있습니다. 다음은 이러한 위험을 완화할 수 있는 몇 가지 예시입니다:

입력 데이터 다양화: 챗GPT를 사용하여 제품이나 서비스에 대한 텍스트를 생성하는 회사에서는 소외된 그룹이나 관점을 대표하는 데이터를 포함하여 다양한 소스의 데이터를 통합하여 입력 데이터를 다양화하기 위한 조치를 취할 수 있습니다. 예를 들어, 의료 앱의 텍스트를 생성하기 위해 챗GPT를 사용하는 회사는 환자 피드백 및 의학 연구 등 다양한 출처의 데이터를 통합할 수 있습니다.

데이터 사전 처리: 챗GPT의 편향성 위험을 완화하기 위해 기업은 입력 데이터를 사전 처리하여 편향성이나 부정확성을 제거할 수 있습니다. 예를 들어, 채용 공고의 텍스트를 생성하는 데 챗GPT를 사용하는 회사는 데이터를 사전 처리하여 모델에서 생성된 언어에 영향을 줄 수 있는 성별 언어 또는 문화적 고정 관념을 제거할 수 있습니다.

모델 감사 및 테스트: 모델을 학습시킨 후에는 잠재적인 편견이나 부정확성이 없는지 감사하고 테스트하는 것이 중요합니다. 여기에는 다양한 도구와 기법을 사용하여 모델에서 생성된 텍스트를 분석

하고 잠재적인 편견이나 개선이 필요한 영역을 식별하는 것이 포함될 수 있습니다. 예를 들어 챗GPT를 사용하여 AI 기반 챗봇의 텍스트를 생성하는 회사에서는 다양한 사용자와 다양한 상황에서 모델을 테스트하여 편향성이나 부정확성을 식별할 수 있습니다.

윤리적 고려 사항 통합: 챗GPT 및 기타 언어 모델을 사용할 때 윤리적 고려 사항을 통합하는 것이 중요합니다. 챗GPT를 사용하는 회사는 모델 사용에 대한 명확한 가이드라인과 정책을 개발하고, 사용자 개인정보와 데이터 보안을 보호하며, 모든 사용자에게 공정하고 공평한 방식으로 모델이 사용될 수 있도록 조치를 취해야 합니다. 예를 들어, 금융 서비스 앱의 텍스트를 생성하기 위해 챗GPT를 사용하는 회사는 사용자에게 데이터가 어떻게 사용되는지에 대해 명확하고 투명한 언어를 제공함으로써 윤리적 고려 사항을 통합할 수 있습니다.

편견과 부정확성 해결: 챗GPT에서 생성된 텍스트에서 편견이나 부정확한 내용이 발견되면 적시에 투명하게 해결하는 것이 중요합니다. 여기에는 편향성이나 부정확성의 원인을 파악하고 더 대표적이거나 다양한 데이터로 모델을 재학습하는 조치가 포함될 수 있습니다. 예를 들어, 고객 서비스 챗봇을 위한 텍스트를 생성하는 데 챗GPT를 사용하는 기업에서는 문제의 원인을 파악하고 보다 대표성 있는 데이터로 모델을 재훈련하여 편향성이나 부정확성을 해결할 수 있습니다.

전반적으로 챗GPT가 생성하는 편향된 텍스트와 관련된 위험을 완화하려면 입력 데이터를 다양화하고, 데이터를 전처리하고, 모델을 감사 및 테스트하고, 윤리적 고려 사항을 통합하고, 편향성 및 부정확성이 발생할 때 이를 해결하는 등 사전 예방적이고 다각적인 접근 방식이 필요합니다. 이러한 단계를 수행함으로써 챗GPT를 효과적으로 사용하고 정확하고 포용적이며 편견이 없는 텍스트를 생성할 수 있습니다.

비전문가

챗GPT가 학습되지 않은 주제에 대해 질문을 받으면 생성된 글은 학습된 주제에 대해 질문할 때보다 정확하지 않거나 정보가 부족할 수 있습니다. 챗GPT는 방대한 양의 데이터로 학습된 언어 모델이지만, 텍스트를 정확하게 생성할 수 있는 주제의 범위에는 여전히 한계가 있습니다. 특정 주제에 대해 챗GPT를 학습시키지 않은 경우 생성된 텍스트의 정보성, 정확성 또는 특정 프롬프트나 질문과의 관련성이 떨어질 수 있습니다.

예를 들어, 사용자가 언론에서 널리 다루지 않은 특정 지역 이벤트에 대해 챗GPT에 질문하는 경우, 챗GPT는 상세하거나 정확한 답변을 생성할 수 있는 충분한 정보에 액세스하지 못할 수 있습니다. 마찬가지로 사용자가 학습 데이터에 포함되지 않은 고도로 전문적이거나 기술적인 주제에 대해 챗GPT에 질문하는 경우 생성된 글이 특정 프롬프트 또는 질문과 관련성이 떨어지거나 정확하지 않을 수 있습니다.

이러한 경우에도 챗GPT가 응답을 생성하려고 시도할 수 있지만, 해당 주제에 대한 데이터가 부족하여 작성된 글의 품질과 정확성이 제한될 수 있습니다. 챗GPT는 텍스트를 생성하는 강력한 도구이지만 특정 분야에 대한 인간의 전문성이나 지식을 대체할 수 없다는 점을 명심해야 합니다.

사용자가 자신의 전문 지식을 시스템에 추가하면 챗GPT는 잠재적으로 더 정확한 글을 생성할 수 있습니다. 챗GPT는 방대한 양의 데이터로 학습되지만, 사용자가 보유한 특정 전문 지식이나 지식에 액세스하지 못할 수도 있습니다. 사용자가 자신의 전문 지식을 시스템에 제공하면 학습 데이터의 부족한 부분을 채우고 챗GPT가 생성하는 글의 정확성과 관련성을 개선하는 데 도움이 될 수 있습니다.

사용자가 자신의 전문 지식을 기여할 수 있는 한 가지 방법은 챗GPT가 생성한 텍스트에 피드백이나 수정을 제공하는 것입니다. 예를 들어, 사용자가 챗GPT가 생성한 텍스트에서 실수나 부정확한 부분을 발견하면 피드백이나 수정을 제공하여 텍스트의 정확성을 개선하는 데 도움을 줄 수 있습니다. 시간이 지남에 따라 이러한 피드백은 모델을 개선하고 생성된 텍스트의 정확성과 관련성을 개선하는 데 도움이 될 수 있습니다.

미안하지만, 챗GPT, 그 대답은 옳은 것 같지 않아요. 답변을 다시 확인하거나 답변을 뒷받침할 수 있는 추가 정보를 제공해 주시겠습니까?

사용자가 자신의 전문 지식을 기여할 수 있는 또 다른 방법은 자신의 전문 분야와 관련된 추가 데이터나 교육 자료를 제공하는 것입니다. 예를 들어 특정 분야나 산업에 대한 전문 지식이 있는 사용자는 해당 분야에 대한 챗GPT의 훈련에 도움이 될 수 있는 기사, 연구 논문 또는 기타 자료를 제공할 수 있습니다.

나는 당신의 이전 답변에 실수가 있는 것 같다. 정답은 [정답 삽입]입니다. 이전 답변에 도달한 경위를 설명하거나 혼란을 이해하는 데 도움이 되는 추가 정보를 제공할 수 있습니까?

전반적으로 사용자의 전문 지식을 챗GPT 시스템에 통합하면 모델에서 생성되는 글의 정확성과 관련성을 향상시킬 수 있습니다. 그러나 사용자의 모든 기여가 정확하고 신뢰할 수 있는지 확인하기 위해 적절하게 심사하고 검증하는 것이 중요합니다.

몰상식한 아이

상식을 배우는 것은 인간 발달의 중요한 부분이며 일반적으로 사회화, 경험, 새로운 아이디어와 상황에 대한 노출의 조합을 포함합니다. 하지만 상식을 배우는 방법을 간단하고 직관적으로 설명하는 것은 어려울 수 있습니다.

이 주제에 접근하는 한 가지 방법은 상식의 주요 구성 요소에 초점을 맞추고 이러한 구성 요소가 다양한 상황에서 어떻게 개발되고 적용될 수 있는지에 대한 예를 제공하는 것입니다. 이러한 구성 요소에는 다음이 포함될 수 있습니다:

관찰: 주변 환경을 관찰하고, 다른 사람의 행동에 주의를 기울이고, 자신의 경험을 되돌아보도록 장려하면 상식적인 감각을 키우는 데 도움이 될 수 있습니다. 예를 들어, 부모는 자녀에게 길을 건너기 전에 양쪽을 모두 살피도록 가르치거나 뜨거운 스토브를 만지는 행동의 위험성을 관찰한 후 이를 피하도록 가르칠 수 있습니다.

사회화: 다른 사람들로부터 배우고 다양한 문화적 규범과 가치에 노출되는 것도 개인의 상식 발달에 도움이 될 수 있습니다. 예를 들어, 정직과 존중을 중시하는 커뮤니티에서 성장하면 이러한 특성의 중요성과 다양한 상황에서 이를 적용하는 방법을 이해하는 데 도움이 될 수 있습니다.

비판적 사고: 다양한 상황에 대해 비판적으로 사고하고 다양한 관점을 고려하도록 장려하면 상식을 키우는 데 도움이 될 수 있습니다. 예를 들어, 부모는 자녀에게 자신이 내린 결정이 다른 사람에게 어떤 영향을 미칠지 고려하거나 다양한 행동의 잠재적 결과에 대해 생각해 보도록 요청할 수 있습니다.

경험: 경험을 통해 배우고 실수를 하는 것도 상식 발달의 중요한 부분이 될 수 있습니다. 예를 들어, 개인은 부정적인 결과를 경험한 후 특정 유형의 행동을 피하는 방법을 배우거나 위험한 상황에 직면한 후 특정 예방 조치를 취하는 방법을 배울 수 있습니다.

전반적으로 상식을 배우는 것은 관찰, 사회화, 비판적 사고, 경험이 결합된 복잡한 과정입니다. 개인이 이러한 핵심 요소를 개발하도록 장려하고 지침과 지원을 제공하면 다양한 상황에 적용할 수 있는 강력한 상식 감각을 기르는 데 도움이 될 수 있습니다.

챗GPT는 학습 데이터의 패턴과 상관관계를 기반으로 텍스트를 처리하고 생성하는 머신 러닝 모델이기 때문에 상식이 부족합니다. 이 모델은 방대한 양의 텍스트 데이터로 학습되었지만, 인간과 같은 방식으로 세상을 진정으로 이해하거나 문맥 지식을 추론, 반영 또는 적용할 수 있는 능력을 갖추지 못했습니다.

상식은 인간이 과거의 경험과 사회적 규범을 바탕으로 합리적인 결정과 판단을 내릴 수 있게 해주는 직관적이고 실용적인 세상 이해입니다. 상식에는 다양한 상황을 해석하고 대응하기 위해 맥락과 추론을 사용하는 것이 포함되며, 머신러닝 모델로 정량화하거나 표현하기 어려운 세계에 대한 깊고 복잡한 이해를 기반으로 합니다.

챗GPT는 지능적이고 정보를 잘 알고 있는 것처럼 보이는 텍스트 응답을 생성할 수 있지만, 진정한 상식을 구현하는 데 필수적인 심층적인 이해와 실용적인 추론 기술이 부족합니다. 또한 이 모델은 학습 데이터의 통계적 패턴을 기반으로 하기 때문에 비정상적이거나 예상치 못한 프롬프트나 주제가 제시될 때 무의미하거나 부적절하거나 심지어 불쾌감을 줄 수 있는 출력을 생성할 수 있습니다.

요약하자면, 챗GPT는 인간과 같은 방식으로 맥락 지식을 추론하고, 반영하고, 적용할 수 있는 능력이 부족한 머신 러닝 모델이기 때문에 상식이 부족합니다. 학습 데이터의 패턴과 상관관계를 기반으로 텍스트 응답을 생성할 수는 있지만, 세상에 대한 진정한 이해나 과거 경험과 사회적 규범을 바탕으로 합리적인 결정과 판단을 내릴 수 있는 능력은 갖추지 못했습니다.

챗GPT에는 실제 상식이 부족하기 때문에 실용적인 추론이나 맥락적 지식이 필요한 질문에 대한 정확한 답변을 얻기가 어려울 수 있습니다. 하지만 정확한 답변을 받을 수 있는 확률을 높이기 위해 사용할 수 있는 몇 가지 전략이 있습니다:

명확하고 구체적인 언어를 사용하세요: 질문할 때는 찾고자 하는

내용을 최대한 명확하고 구체적으로 표현하세요. 모델이 이해하기 쉬운 간단한 언어를 사용하고 복잡한 문구나 지나치게 추상적인 개념은 피하세요.

맥락을 제공하세요: 질문할 때 가능한 한 많은 맥락을 제공하세요. 배경과 응답에 영향을 미칠 수 있는 관련 세부 사항이나 요인을 설명하세요. 이렇게 하면 모델이 상황을 이해하고 더 정확한 답변을 제공하는 데 도움이 될 수 있습니다.

여러 소스를 확인하세요: 챗GPT로부터 답변을 받은 후에는 다른 출처와 대조하여 답변의 정확성을 확인하는 것이 좋습니다. 상식적인 질문은 주관적인 경우가 많고 문화적 규범이나 사회적 기대에 따라 달라질 수 있으므로 해당 주제에 대한 여러 관점을 확인하는 것이 좋습니다.

스스로 상식을 사용하세요: 챗GPT가 진정한 상식을 가지고 있지 않을 수도 있지만, 여러분 자신의 상식을 사용하여 답변의 정확성을 평가할 수 있다는 점을 기억하세요. 답변이 무의미하거나 부적절하다고 생각되면 질문의 문구를 바꾸거나 설명을 요청하세요.

피드백을 제공하세요: 부정확하거나 불만족스러운 답변을 받은 경우 챗GPT에 피드백을 제공하세요. 이는 모델의 학습 데이터를 개선하는 데 도움이 될 수 있으며 향후 더 정확한 응답으로 이어질 수 있습니다.

요약하자면, 명확한 언어를 사용하고, 문맥을 제공하고, 여러 출처를 확인하고, 자신의 상식을 활용하고, 피드백을 제공하면 챗GPT로부터 정확한 상식적인 답변을 얻는 것이 어려울 수 있지만, 정확한 답변을 얻을 가능성을 높이는 데 도움이 될 수 있습니다.

프로 거짓말쟁이

인간은 자신의 개인적인 신념과 가치관, 증거와 사실, 정보 출처의 신뢰성과 권위를 종합적으로 고려하여 어떤 것이 진실인지 아닌지를 판단합니다.

인간이 진실 여부를 판단하는 주요 방법 중 하나는 자신의 개인적인 신념과 가치관을 통해 판단하는 것입니다. 어떤 진술이나 주장이 누군가의 기존 신념이나 가치관과 일치하면 이를 사실로 받아들일 가능성이 높습니다. 반면에 어떤 진술이나 주장이 누군가의 신념이나 가치관과 상충하는 경우, 사람들은 더 회의적이고 그것을 믿기 위해 더 많은 증거를 요구할 수 있습니다.

어떤 내용이 사실인지 여부를 판단하는 또 다른 중요한 요소는 해당 진술이나 주장을 뒷받침하는 증거와 사실입니다. 주장을 뒷받침하는 신뢰할 수 있는 증거와 데이터가 많으면 증거가 거의 없거나 전혀 없는 경우보다 사실로 간주될 가능성이 더 높습니다. 마찬가지로 어떤 진술이나 주장이 객관적인 관찰이나 실험을 통해 검증될 수 있다면 사실로 간주될 가능성이 높습니다.

마지막으로, 인간은 종종 정보 출처의 신뢰성과 권위를 판단하여 사실 여부를 결정합니다. 신뢰할 수 있는 뉴스 매체나 해당 분야의 전문가와 같이 출처가 신뢰할 수 있고 신뢰할 수 있는 것으로 알려진 경우, 신뢰할 수 없거나 알 수 없는 출처에서 나온 것보다 해당 진술과 주장이 사실로 간주될 가능성이 높습니다.

요약하면, 인간은 개인의 신념과 가치관, 증거와 사실, 정보 출처의 신뢰도와 권위를 종합적으로 고려하여 어떤 것이 사실인지 아닌지를 판단합니다. 이러한 요소를 고려함으로써 개인은 무엇을 믿고 어떻게 행동할 것인지에 대해 정보에 입각한 결정을 내릴 수 있습니다.

챗GPT는 학습 데이터의 패턴과 상관관계를 기반으로 텍스트를 생성하는 언어 모델이며, 생성하는 기사의 사실 여부를 판단할 수 있는 기능이 없습니다. 이 모델은 학습 데이터에서 학습한 프롬프트와 패턴을 기반으로 텍스트를 생성하도록 설계되었으며, 세상에 대한 본질적인 지식이나 이해가 없습니다.

챗GPT는 사실인 것처럼 보이는 텍스트를 생성할 수 있지만, 특히 비정상적이거나 예상치 못한 프롬프트나 주제가 제시될 경우 불완전하거나 편향적이거나 명백히 거짓인 텍스트를 생성할 수도 있습니다. 이 모델은 학습 데이터의 패턴과 상관관계를 기반으로 하기 때문에 학습 데이터에 존재하는 부정확성이나 편견이 생성된 텍스트에 포함될 수 있습니다.

따라서 챗GPT가 생성한 기사에 대해 비판적인 태도를 취하고 독립적인 연구와 사실 확인을 통해 제시된 정보의 정확성과 신뢰성을 검증하는 것이 중요합니다. 챗GPT는 텍스트와 아이디어를 생성하는 데 유용한 도구가 될 수 있지만, 제시된 정보의 정확성과 신뢰성을 보장하기 위해 비판적 사고 및 독립적인 연구와 함께 사용해야 합니다.

제한된 추론

챗GPT는 어느 정도 추론할 수 있습니다. 추론이란 증거와 추론을 바탕으로 결론을 도출하거나 판단을 내리는 과정을 말합니다. 챗GPT는 인간과 같은 방식으로 추론하고 반성하는 능력은 부족하지만, 학습 데이터의 패턴과 상관 관계를 기반으로 추론할 수 있습니다.

예를 들어, 일련의 사건이나 인과 관계가 포함된 프롬프트가 모델에 제시되면 학습 데이터의 유사한 패턴에 대한 지식을 사용하여 해당 패턴을 기반으로 추론 또는 결론이 포함된 응답을 생성할 수 있습니다. 마찬가지로 프롬프트에 암시적인 정보나 문맥이 포함된 경우 모델은 일반적인 문구나 관용구에 대한 지식을 사용하여 의도된 의미를 추론할 수 있습니다.

그러나 챗GPT의 추론은 학습 데이터에 존재하는 패턴과 상관관계를 기반으로 하며, 세상에 대한 진정한 추론이나 이해가 포함되지 않는다는 점에 유의해야 합니다. 따라서 챗GPT가 생성한 추론은 불완전하거나 편향적이거나 잘못된 가정 또는 불완전한 정보에 기반할 수 있습니다. 따라서 챗GPT가 생성한 추론의 정확성과 신뢰성을 평가하고 독립적인 연구와 사실 확인을 통해 이를 검증하는 것이 중요합니다.

언어 모델로서 챗GPT는 몇 가지 기본적인 논리적 추론 작업을 수행할 수 있습니다. 예를 들어 연역적 추론을 적용하여 결론에 도달하는 논리적 논증의 일종인 삼단논법을 제시하는 프롬프트가 제공되면 제공된 정보를 기반으로 추론을 생성할 수 있습니다. 다음은 챗GPT가 생성할 수 있는 삼단논법의 예와 해당 추론의 예입니다:

모든 인간은 필멸자이다. 소크라테스는 인간입니다. 따라서 소크라테스는 ()이다. ()을 올바른 말로 채우시오.

이 예에서 챗GPT는 연역적 추론을 사용하여 소크라테스가 필멸자라는 논리적 결론에 도달하기 위해 삼단 논법에 제공된 정보를 기반으로 합니다. 이는 비교적 간단한 논리적 추론 작업이지만 챗GPT가 학습 데이터의 패턴과 상관관계를 기반으로 어떻게 추론할 수 있는지 보여줍니다. 그러나 챗GPT의 논리적 추론 능력은 제한적이며, 진정한 이해와 추론이 필요한 더 복잡하거나 추상적인 추론 작업은 처리하지 못할 수도 있다는 점에 유의해야 합니다.

챗GPT는 몇 가지 기본적인 논리적 추론 작업을 수행할 수 있지만, 그 능력을 넘어서는 특정 유형의 추론이 있습니다. 예를 들어, 서로 다른 개념이나 아이디어 간의 유사점과 관계를 찾는 유추 추론과 같이 진정한 이해와 개념화가 필요한 추론 작업에서는 챗GPT가 어려움을 겪을 수 있습니다. 유추 추론은 서로 다른 개념 간에 공유되는 기본 원리와 특징에 대한 깊은 이해가 필요하므로 챗GPT가 이러한 유형의 추론을 정확하게 수행하기 어려울 수 있습니다.

또한 확률과 통계 데이터를 기반으로 판단하거나 예측하는 확률적 추론과 같이 불확실하거나 불완전한 정보가 포함된 추론 작업에서는 챗GPT가 어려움을 겪을 수 있습니다. 확률적 추론은 통계적 개념에 대한 정교한 이해와 불확실하거나 불완전한 정보에 대한 추론 능력이 필요하므로 챗GPT가 정확하게 처리하기 어려울 수 있습니다.

마지막으로 유머, 풍자 또는 은유를 이해하는 것과 같이 상황에 따라 달라지거나 모호한 정보가 포함된 추론 작업에서는 챗GPT가 어려움을 겪을 수 있습니다. 이러한 유형의 추론을 수행하려면 언어가 사용되는 사회적, 문화적 맥락에 대한 이해는 물론 단어와 구문의 비문자적 의미를 인식하고 해석할 수 있는 능력이 필요합니다.

일반적으로 챗GPT의 논리적 추론 능력은 인상적이지만, 그 한계를 인식하고 제시된 정보의 정확성과 신뢰성을 보장하기 위해 비판적 사고 및 독립적인 연구와 함께 사용하는 것이 중요합니다.

사실과 반대되는 추론은 실제로 일어나지 않은 가상 또는 대체 시나리오에 대해 추론하는 능력을 말합니다. 이러한 유형의 추론에는 특정 조건이나 사건이 달랐다면 어떤 일이 일어났을지 상상하는 것이 포함됩니다. 챗GPT는 학습 데이터에서 학습한 패턴과 상관관계를 기반으로 사실과 다른 질문에 대해 그럴듯한 답변을 생성할 수 있지만, 모든 경우에 정확하거나 미묘한 답변을 제공하지 못할 수도 있습니다.

챗GPT가 어렵게 느낄 수 있는 역사실 추론의 쉬운 예는 다음 질문입니다: **"미국이 독립 전쟁에서 패했다면 어떻게 되었을까요?"** 챗GPT는 당시의 정치적, 사회적 맥락과 같은 역사적 데이터에서 학습한 정보를 바탕으로 그럴듯한 답변을 생성할 수 있지만, 전쟁 결과에 영향을 미쳤을 수 있는 여러 요인을 고려한 상세하거나 미묘한 답변을 제공하는 데 어려움을 겪을 수 있습니다.

일반적으로 사실과 반대되는 추론에는 주어진 상황에서 일어난 일에 대한 지식뿐만 아니라 다양한 조건이나 사건에 따라 다른 가능성과 결과를 상상하는 능력도 필요합니다. 챗GPT는 주어진 상황에서 어떤 일이 일어났는지 추론할 수는 있지만, 다른 조건이나 이벤트가 있었다면 어떤 일이 일어났을지 상상하는 데 어려움을 겪을 수 있습니다. 따라서 사실과 반대되는 추론을 수행하는 능력이 제한될 수 있으며, 이러한 유형의 추론이 필요한 프롬프트에 대한 응답으로 불완전하거나 부정확한 추론을 생성할 수 있습니다.

도덕적 추론은 옳고 그름에 대한 판단을 포함하며, 윤리적 원칙과 가치에 대한 이해가 필요합니다. 챗GPT는 윤리적 개념과 논쟁에 대한 정보를 제공할 수 있지만, 특히 복잡하거나 모호한 윤리적 딜레마를 다룰 때 도덕적 추론이 어려운 작업이라고 느낄 수 있습니다.

예를 들어, 챗GPT는 상충하는 가치나 원칙 사이의 절충점을 포함하는 행동의 도덕성에 대한 질문에 어려움을 겪을 수 있습니다. 누군가가 누군가를 위험으로부터 보호하기 위해 거짓말을 하는 것이 도덕적으로 허용되는지 챗GPT에 질문한다고 가정해 봅시다. 챗GPT는 "거짓말은 항상 잘못이다"와 같은 규칙 기반 윤리 프레임워크에 기반한 간단한 답변을 제공할 수 있지만, 거짓말의 구체적인 상황과 결과, 그리고 관련된 다양한 윤리적 원칙과 가치를 고려한 미묘한 답변을 제공하는 데 어려움을 겪을 수 있습니다.

또한 도덕적 모호성이나 여러 상충되는 윤리적 원칙이 포함된 질문에서는 챗GPT가 어려움을 겪을 수 있습니다. 예를 들어, 누군가가 많은 사람을 구하기 위해 한 사람을 해치는 것이 도덕적으로 허용되는지 챗GPT에 질문한다고 가정해 보겠습니다. 챗GPT는 최대 다수를 위한 최대 선이 기본 윤리적 원칙이 되어야 한다는 공리주의 원칙과 같이 관련된 윤리적 원칙에 대한 정보를 제공할 수 있지만, 상황의 복잡성을 고려한 명확한 답변을 제공하기는 어려울 수 있습니다.

전반적으로 챗GPT는 윤리적 개념과 논쟁에 대한 정보를 제공할 수 있지만, 특히 복잡하거나 모호한 윤리적 딜레마를 다룰 때 도덕적 추론이 어려운 작업으로 느껴질 수 있습니다. 이 영역에서 챗GPT의 한계를 인식하고, 제시된 정보의 정확성과 신뢰성을 보장하기 위해 비판적 사고 및 독립적인 연구와 함께 사용하는 것이 중요합니다.

위협과 선물

챗GPT 및 기타 대규모 언어 모델의 등장은 기존 방식으로 일하는 근로자에게 위협이 될 수도 있고 기회가 될 수도 있습니다.

대량의 텍스트를 빠르고 정확하게 생성하는 챗GPT의 능력으로 인해 저널리즘, 콘텐츠 제작, 심지어 고객 서비스와 같은 분야에서 일자리가 사라질 수도 있습니다. 예를 들어, 이전에 기사를 작성하기 위해 인간 기자를 고용했던 뉴스 조직은 이제 챗GPT를 사용하여 더 빠르고 저렴하게 기사를 생성할 수 있습니다. 마찬가지로, 이전에 사람 고객 서비스 담당자를 고용했던 회사도 이제 챗GPT를 사용하여 고객 문의에 더 효율적으로 답변할 수 있습니다.

한편, 챗GPT 및 기타 대규모 언어 모델의 출현은 작업자에게 새로운 기회도 창출합니다. 예를 들어, 이러한 도구를 효과적으로 사용하여 텍스트를 생성하고 고객과 소통할 수 있는 작업자에 대한 수

요가 증가할 수 있습니다. 또한 빠르고 정확하게 텍스트를 생성하는 챗GPT의 능력은 콘텐츠 조정 및 데이터 분석과 같은 분야에서 새로운 일자리를 창출할 수 있습니다.

전반적으로 챗GPT가 고용 시장에 미치는 영향은 복잡하고 다면적으로 나타날 것입니다. 일부 분야에서는 일자리가 감소할 가능성이 있지만, 이러한 새로운 기술에 적응하고 활용할 수 있는 근로자에게는 새로운 기회가 생길 수도 있습니다.

챗GPT의 위협

챗GPT의 인텔리전스는 다양한 직업에 영향을 미칠 수 있지만, 가장 큰 영향을 받는 직업은 다음과 같습니다:

콘텐츠 제작자 및 작가: 챗GPT는 대량의 텍스트를 빠르고 정확하게 생성할 수 있기 때문에 저널리즘 및 콘텐츠 제작과 같은 분야에서 일자리를 잃을 수 있습니다.

고객 서비스 담당자: 고객 문의에 답변하는 챗GPT의 능력은 인간 고객 서비스 담당자에 대한 수요 감소로 이어질 수 있습니다.

번역가 및 통역사: 한 언어에서 다른 언어로 텍스트를 번역하는 챗GPT의 능력은 인간 번역가 및 통역사에 대한 수요 감소로 이어질 수 있습니다.

연구원 및 데이터 분석가: 텍스트를 생성하고 대량의 데이터를 빠르고 정확하게 분석하는 챗GPT의 능력은 연구 수행 방식에 변화를

가져올 수 있으며, 일부 분야에서는 잠재적으로 일자리 손실로 이어질 수 있습니다.

디지털 마케팅 전문가: 광고 및 기타 마케팅 자료용 텍스트를 생성하는 챗GPT의 능력은 디지털 마케팅 전문가에 대한 수요 감소로 이어질 수 있습니다.

전반적으로 챗GPT의 지능에 가장 큰 영향을 받는 직업은 텍스트를 빠르고 정확하게 생성하거나 분석하는 능력에 크게 의존하는 직업입니다. 이러한 직업 중 일부는 사라질 수 있지만, 다음과 같은 새로운 기술에 적응하고 활용할 수 있는 근로자에게는 새로운 기회가 생길 수도 있습니다.

챗GPT가 다양한 산업에 미치는 영향을 피하기 위해 영향을 받는 각 영역에서 몇 가지 노력을 기울일 수 있습니다:

콘텐츠 제작자 및 작가: 더 많은 창의성, 개인적인 목소리 또는 주제에 대한 심층적인 이해가 필요한 글쓰기 영역에 특화하기 위해 노력할 수 있으며, 이러한 영역은 챗GPT가 복제하기 어려울 수 있습니다. 또한, 작가는 챗GPT가 아직 잘 이해하지 못하는 새롭고 떠오르는 영역의 콘텐츠 제작에 집중할 수도 있습니다.

고객 서비스 담당자: 고객 서비스 담당자는 챗GPT가 복제할 수 없는 고객을 응대할 때 보다 개인화되고 공감할 수 있는 접근 방식을 개발하는 데 집중할 수 있습니다.

번역가 및 통역사: 번역가와 통역사는 챗GPT가 재현할 수 없는 문

화적, 언어적 차이에 대한 심층적인 이해가 필요한 보다 미묘한 번역에 집중할 수 있습니다.

연구원 및 데이터 분석가: 연구원과 데이터 분석가는 전문 분야에 대한 전문 지식이나 독점 데이터에 대한 액세스가 필요한 분야와 같이 챗GPT가 갖지 못한 주제에 대한 깊은 이해가 필요한 분야에 집중할 수 있습니다.

디지털 마케팅 전문가: 디지털 마케팅 전문가: 디지털 마케팅 전문가는 보다 개인적이고, 관련성이 높으며, 잠재 고객을 타겟팅하는 콘텐츠를 제작하는 데 집중할 수 있으며, 이는 챗GPT가 복제하기 어려울 수 있는 영역입니다.

전반적으로 챗GPT의 영향을 피하기 위한 핵심은 이 기술이 복제하기 어려울 수 있는 기술과 전문성을 개발하는 데 집중하는 것입니다. 특정 영역에 대한 심층적인 이해를 개발하거나 보다 개인화된 접근 방식에 집중함으로써 챗GPT가 제공할 수 없는 가치를 지속적으로 제공할 수 있습니다. 또한 점점 더 자동화되는 업무 환경에서 경쟁력을 유지하기 위해서는 기술 발전을 따라잡고 새로운 기술을 지속적으로 습득하는 것이 중요합니다.

내가 퇴출?

다음은 챗GPT가 자신의 직업에 위협이 되는지 묻는 데 사용할 수 있는 몇 가지 프롬프트 예들 입니다:

챗GPT가 콘텐츠 작성자로서 저를 대체 할 수 있습니까?

챗GPT가 저보다 더 효율적으로 데이터 분석 작업을 수행 할 수 있습니까?
챗GPT가 저보다 프로젝트를 더 잘 관리하고 효과적인 팀 커뮤니케이션을
제공 할 수 있습니까?
챗GPT가 법률 컨설턴트로서 저를 대체 할 수 있습니까?

특정 직업이 아니라 자신이 수행하는 개별 작업들에 대해서 하나
하나 물어봄으로써 챗GPT로 대치 가능한 작업들은 챗GPT의 도움
을 받아 생산성을 올리고, 대치가 어려운 작업들에 본인의 능력을
집중하는 전략이 중요합니다.

다음은 자신이 맡은 세분화된 작업들에 대한 위협을 묻는데 사용하
는 프롬프트들입니다. 이들을 통해 챗GPT의 위협에서 벗어나 보다
경쟁력을 확보할 전략을 수립할 수 있습니다.

챗GPT가 데이터베이스에서 일간 보고서를 추출하는 작업을 대치할 수 있
습니까?
챗GPT가 일간 보고서에서 주간 고객들의 불만 사항을 취합하고 요약하여
보고서를 만드는 작업을 대체할 수 있습니다?
챗GPT가 고객 동향 보고서를 관련 부서에 전달하고 대응 방안을 수립할
수 있습니까?

챗GPT는 사람의 작업을 대체하는 것이 아니라 자동화 할 수 있는
작업을 지원하는 도구라는 점에 유의하는 것이 중요합니다. 챗GPT
는 고품질 콘텐츠를 생성할 수 있지만, 인간 작가의 창의성, 판단력,
직관력을 대체할 수는 없습니다. 마찬가지로 챗GPT는 데이터 분석
작업을 수행할 수 있지만 숙련된 분석가의 경험과 직관을 대체할
수는 없습니다.

따라서 핵심은 다양한 작업에서 인간의 기술과 능력을 보강하고 향상시키는 도구로 챗GPT를 사용하는 것입니다. 따라서 챗GPT는 기존 직무에 대한 위협이 아니라 효율성을 높이고 비용을 절감하며 결과를 개선할 수 있는 선물로 볼 수 있습니다.

인간의 보금자리

AI 언어 모델로서 챗GPT가 할 수 있는 일에는 일정한 한계가 있습니다. 챗GPT는 텍스트를 생성하고, 질문에 답변하고, 다양한 주제에 대한 정보를 제공할 수 있지만, 사람의 전문 지식이나 경험을 대체할 수 없는 영역도 몇 가지 있습니다. 다음은 챗GPT가 제한될 수 있는 몇 가지 영역입니다:

공감 및 감성 지능: 챗GPT는 자체적인 감정이 없기 때문에 사람의 감정과 느낌을 완전히 이해하거나 표현하지 못할 수 있습니다. 이는 상담, 치료 또는 기타 유사한 직업과 같은 영역에서 중요할 수 있습니다.

창의성과 독창성: 챗GPT는 학습 데이터를 기반으로 텍스트와 아이디어를 생성할 수 있지만, 진정으로 독창적인 콘텐츠를 만들거나 완전히 새롭거나 획기적인 아이디어를 생성하지는 못할 수 있습니다. 이는 창의적인 글쓰기, 예술 또는 디자인과 같은 영역에서 중요할 수 있습니다.

물리적 작업: 챗GPT는 순전히 디지털 개체이며 물리적 작업을 수행하거나 기계를 조작할 수 없습니다. 이는 건설, 제조 또는 기타 육체 노동과 같은 분야에서 중요할 수 있습니다.

법률 자문: 챗GPT는 일반적인 법률 정보를 제공할 수는 있지만, 법률 자문을 제공하거나 법적 절차에서 고객을 대리할 수는 없습니다. 이를 위해서는 면허를 소지한 변호사만이 제공할 수 있는 전문 교육과 전문 지식이 필요합니다.

의료 진단 및 치료: 챗GPT는 일반적인 의료 정보를 제공할 수 있지만, 의료 상태를 진단하거나 특정 의료 자문을 제공할 수는 없습니다. 이를 위해서는 면허를 소지한 의료 전문가만이 제공할 수 있는 전문 교육과 전문 지식이 필요합니다.

전반적으로 챗GPT는 많은 분야에서 유용한 도구가 될 수 있지만 공감, 창의성, 육체적 작업, 전문 교육 또는 이러한 요소의 조합이 필요한 많은 직업에서 인간의 전문 지식이나 경험을 완전히 대체할 수는 없습니다.

챗GPT의 선물

챗GPT가 제공하는 기회를 적극적으로 활용하는 사무직 근로자에게는 몇 가지 혜택이 있습니다. 다음은 몇 가지 주요 혜택입니다:

생산성 향상: 챗GPT는 정보에 빠르고 효율적으로 액세스할 수 있어 사무직 근로자가 더 효율적으로 일하고 더 빨리 작업을 완료할 수 있도록 도와줍니다. 이 기회를 활용하면 생산성을 높이고 더 짧은 시간에 더 많은 성과를 달성할 수 있습니다.

의사 결정 개선: 챗GPT는 풍부한 정보와 인사이트에 대한 액세스

를 제공하여 사무직 근로자가 더 나은 정보에 기반한 의사 결정을 내리는 데 도움을 줄 수 있습니다. 챗GPT를 사용하여 관련 정보에 액세스함으로써 작업자는 더 많은 데이터와 인사이트를 기반으로 의사 결정을 내릴 수 있으며, 이는 더 나은 결과로 이어집니다.

창의력 향상: 챗GPT는 아이디어를 창출하고 새로운 접근 방식을 제안하여 사무직 근로자가 업무에서 더욱 창의적이고 혁신적으로 일할 수 있도록 도와줍니다. 이 기회를 활용함으로써 직원들은 새로운 가능성을 탐색하고 참신한 아이디어를 창출할 수 있습니다.

경쟁 우위: 사무직 근로자는 챗GPT를 적극적으로 활용함으로써 AI 및 기타 첨단 기술 사용에 대한 기술과 전문성을 개발할 수 있습니다. 이를 통해 구직 시장에서 경쟁 우위를 확보하고 해당 분야의 다른 사람들과 차별화할 수 있습니다.

생존 전략

챗GPT는 파괴적인 기술입니다. 챗GPT가 잘 하는 영역의 직업들은 크게 영향을 받을 수 있습니다. 반면에 챗GPT를 잘 이용하면 큰 선물을 얻을 수 있습니다. 이런 파괴적인 기술 속에서 생존하기 위한 전략은 두 가지가 있습니다. 파괴적인 파고를 회피하는 전략과 파고를 타고 넘어가는 전략이 있습니다.

인간의 보금자리를 찾아 직업을 변경하는 방법이 회피 전략입니다. 이 방법에는 몇 가지 문제가 있습니다. 파괴의 속도가 직업 전환의 속도보다 빠를 수 있습니다. 회피처도 안전하다는 보장이 없습니다. 파괴의 강도와 속도에 가속도가 붙으면 안전한 영역은 크게 축소되고 직업 전환의 기회가 사라질 수도 있습니다. 로봇과 같은 파괴적 기술과 대용량 언어모델이 결합하면 많은 회피처가 다시 흔들릴 수 있음을 알아야 합니다.

파괴의 파고를 넘어가는 방안도 있습니다. 챗GPT의 장점을 적극 활용해 업무들을 보다 높은 단계로 재조정하는 방법입니다. 이 방법은 파괴의 속도와 파고가 높아져도 위험도가 적습니다. 챗GPT가 더욱 똑똑해지기 때문에 더 높은 수준의 업무로 점프할 수 있기 때문입니다.

챗GPT는 자연어 질의 응답 서비스입니다. 자연어로 입출력을 하기 때문에 유창한 언어 구사 능력을 키우려는 노력은 기본입니다. 유용한 답변을 얻으려면 질문을 잘 구성한 프롬프트를 만드는 것이 그 다음입니다. 챗GPT가 생성한 답변에 대한 진실성과 위험성은 항상 사람이 판단해야 함을 배웠습니다. 답변을 검토하기 위해서는 도메인을 쌓는 노력과 비판적 사고를 지속적으로 키우려는 노력이 중요합니다.

이번 장에서는 연마해야 하는 스킬들에 대해 소개합니다. 유창한 언어 구사 능력, 비판적인 사고 능력은 별도의 큰 설명이 필요한 영역입니다. 이런 기본 능력에 대해서는 챗GPT와 직접 연관된 부분만 설명합니다. 챗GPT의 프롬프트를 구성하는 방법에 대해서 집중적으로 설명합니다.

풍부한 어휘력

언어 능력은 사용자가 모델에서 생성된 결과물을 이해하고 모델과 효과적으로 소통할 수 있도록 도와주므로 생산성을 높이기 위해 챗GPT를 사용할 때 중요한 요소입니다. 다음은 챗GPT를 사용할 때 언어 능력이 중요한 이유를 보여주는 예시입니다:

영어가 모국어가 아닌 사용자가 챗GPT를 사용하여 블로그용 콘텐츠를 생성한다고 가정해 보겠습니다. 영어를 잘 이해한다고 해도 복잡한 어휘, 관용적 표현 및 기타 언어의 뉘앙스에 어려움을 겪을 수 있습니다. 이로 인해 챗GPT가 생성한 결과물을 이해하고 모델과 효과적으로 소통하기 어려울 수 있습니다.

언어 능력을 향상시키면 챗GPT가 생성하는 출력을 이해하고 모델과 효과적으로 소통할 수 있는 능력을 높일 수 있습니다. 이렇게 하면 모델에서 생성되는 출력이 정확하고 사용자의 요구와 관련이 있는지 확인할 수 있으며 챗GPT를 사용할 때 생산성을 높일 수 있습니다.

전반적으로 언어 능력은 사용자가 모델이 생성한 결과물을 이해하고 모델과 효과적으로 소통할 수 있도록 도와주므로 생산성을 높이기 위해 챗GPT를 사용할 때 중요합니다. 언어 능력을 향상시키면 챗GPT에서 생성된 결과물을 이해하고 사용하는 능력이 향상되어 업무 생산성을 높일 수 있습니다.

언어 능력이 부족하더라도 챗GPT를 사용하여 좋은 결과를 얻을 수 있는 방법이 있습니다. 다음은 언어 능력이 부족하더라도 좋은 결과를 얻는 데 도움이 되는 몇 가지 전략입니다:

간단한 언어를 사용하세요: 챗GPT에서 생성된 출력을 이해할 수 있도록 모델에 프롬프트를 제공할 때 간단한 언어를 사용할 수 있습니다. 이렇게 하면 모델에서 생성된 출력이 명확하고 이해하기 쉽도록 보장할 수 있습니다.

익숙한 어휘를 사용하세요: 챗GPT에서 생성된 출력을 이해하기 쉽도록 익숙한 어휘를 사용할 수 있습니다. 이렇게 하면 혼동을 피하고 모델과 효과적으로 소통할 수 있는 능력을 향상시킬 수 있습니다.

외부 리소스 활용하기: 챗GPT가 생성한 출력을 이해하는 데 어려움이 있다면 온라인 사전, 언어 학습 앱 또는 기타 언어 리소스와 같은 외부 리소스를 사용하여 언어에 대한 이해를 높일 수 있습니다.

언어 전문가로부터 피드백 받기: 언어 전문가를 이용할 수 있는 경우 챗GPT가 생성한 출력에 대한 피드백을 요청할 수 있습니다. 이렇게 하면 언어 능력에 문제가 있는 경우에도 결과물이 정확하고 사용자의 요구와 관련이 있는지 확인하는 데 도움이 될 수 있습니다.

전반적으로 챗GPT를 효과적으로 사용하려면 언어 능력이 중요하지만, 언어 능력이 부족하더라도 모델에서 좋은 결과를 얻을 수 있는 방법이 있습니다. 간단한 언어, 친숙한 어휘, 외부 리소스를 사용하고 언어 전문가의 피드백을 받으면 챗GPT가 생성하는 결과가 정확하고 사용자의 요구와 관련이 있는지 확인할 수 있습니다.

챗GPT를 사용할 때 좋은 작성자와 나쁜 작성자가 작성한 프롬프트에 의해 생성되는 문장의 품질은 크게 다를 수 있습니다. 다음은 이점을 설명하기 위한 몇 가지 구체적인 예시입니다:

예 1 - 좋은 글쓰기:

프롬프트: "규칙적인 운동의 이점을 설명하는 짧은 단락을 작성해 주세요."

출력: "규칙적인 운동은 신체적, 정신적 건강 모두에 많은 이점이 있는 것으로 밝혀졌습니다. 심장병, 뇌졸중, 당뇨병과 같은 만성 질환의 위험을 줄이고 기분을 개선하고 스트레스를 줄이며 인지 기능을 향상시키는 데 도움이 될 수 있습니다. 또한 규칙적인 운동은 전반적인 체력 수준을 개선하고 에너지를 높이며 행복감을 증진하는 데 도움이 될 수 있습니다."

이 예시에서 훌륭한 작가가 작성한 프롬프트는 명확하고 구체적이며, 규칙적인 운동의 이점에 대해 잘 정리되고 일관된 단락을 생성하는 데 필요한 정보를 챗GPT에 제공합니다. 챗GPT가 생성한 출력은 정확하고 유익하며 읽기 쉽습니다.

예 2 - 나쁜 글쓰기:

프롬프트: "건강에 좋은 음식에 대해 알려주세요."

출력: "음식은 건강에 중요해요. 좋은 음식은 건강에 좋아요. 건강해지려면 좋은 음식을 먹어야 해요."

이 예에서 잘못된 작성자가 작성한 프롬프트는 모호하고 건강에 좋은 음식의 종류에 대한 구체적인 정보가 부족합니다. 결과적으로 챗GPT가 생성한 출력은 모호하고 정보가 부족하여 건강에 좋은 음식의 유형에 대한 구체적인 정보를 거의 제공하지 않습니다.

이 예는 프롬프트의 품질이 챗GPT가 생성하는 출력의 품질에 어떤 영향을 미칠 수 있는지 보여줍니다. 훌륭한 작성자가 명확하고 구체적으로 작성한 프롬프트는 챗GPT가 정확하고 유익한 고품질의 출력을 생성하는 데 도움이 될 수 있습니다. 반대로 나쁜 작성자가 모호하고 불명확한 프롬프트를 작성하면 정보가 부족하고 구체적인 정보가 없는 출력이 발생할 수 있습니다. 따라서 챗GPT를 사용하여 출력을 생성할 때는 명확하고 구체적인 프롬프트를 작성하는 데 시간과 노력을 투자하는 것이 중요합니다.

프롬프트 엔지니어링 기술

대규모 언어 모델에서 프롬프트는 모델의 출력을 안내하는 데 사용되는 텍스트 또는 코드 조각입니다. 프롬프트는 모델의 응답에 대한 문맥을 제공하는 질문, 문장 또는 일부 문장이 될 수 있습니다. 프롬프트는 한 단어 정도로 짧거나 여러 단락으로 구성될 수 있습니다.

프롬프트 엔지니어링은 대규모 언어 모델의 출력을 안내하기 위해 효과적인 프롬프트를 만드는 프로세스입니다. 효과적인 프롬프트 엔지니어링에는 모델의 강점과 한계를 이해하고 모델의 기능을 활용하면서 약점을 피할 수 있는 프롬프트를 개발하는 것이 포함됩니다. 여기에는 구체적이고 명확하며 간결한 프롬프트를 만들고 모델이 원하는 출력을 생성하는 데 필요한 문맥을 제공하는 것이 포함될 수 있습니다.

프롬프트 엔지니어링은 자연어 처리, 텍스트 생성 또는 질문 답변 작업과 같이 모델 출력의 품질이 중요한 애플리케이션에서 특히 중요할 수 있습니다. 개발자는 프롬프트를 신중하게 엔지니어링함으로써 모델 출력의 정확성과 관련성을 개선하고 애플리케이션의 특정 요구 사항을 충족하도록 보장할 수 있습니다.

요약하자면, 프롬프트는 대규모 언어 모델에서 필수적인 부분이며 프롬프트 엔지니어링은 모델의 출력을 안내하는 효과적인 프롬프트를 개발하는 프로세스입니다. 개발자는 프롬프트를 신중하게 제작함으로써 모델 출력의 정확성과 관련성을 개선하고 애플리케이션의 특정 요구 사항을 충족하도록 할 수 있습니다.

프롬프트 엔지니어링은 모델 출력의 정확성과 관련성을 개선하는 데 도움이 되므로 대규모 언어 모델에 중요합니다. 다음은 프롬프트 엔지니어링이 필요한 몇 가지 이유입니다:

출력 품질 개선: 프롬프트 엔지니어링은 명확하고 구체적인 프롬프트를 제공함으로써 모델이 보다 정확하고 관련성 높은 출력을 생성하는 데 도움을 줄 수 있습니다. 이는 자연어 처리, 텍스트 생성 또는 질문과 답변 작업과 같이 출력의 품질이 중요한 애플리케이션에서 특히 중요합니다.

편향성 감소: 프롬프트 엔지니어링은 모델이 보다 다양하고 균형 잡힌 응답을 생성하도록 안내하여 모델 출력의 편향을 줄이는 데 도움이 될 수 있습니다. 이는 채용이나 의료 진단과 같이 공정성과 형평성이 필수적인 애플리케이션에서 특히 중요합니다.

효율성 향상: 잘 만들어진 프롬프트는 필요한 문맥을 제공하고 모델이 가정을 할 필요성을 줄여줌으로써 모델이 보다 효율적으로 결과를 생성하도록 도와줍니다. 이렇게 하면 결과물을 생성하는 데

필요한 시간과 리소스를 줄일 수 있습니다.

사용자 지정: 프롬프트 엔지니어링은 애플리케이션의 특정 요구 사항에 맞게 프롬프트를 조정함으로써 개발자가 사용 사례의 고유한 요구 사항을 충족하도록 모델을 사용자 지정하는 데 도움을 줄 수 있습니다. 이렇게 하면 모델이 사용되는 특정 문맥과 관련이 있고 유용한 출력을 생성하는 데 도움이 될 수 있습니다.

전반적으로 프롬프트 엔지니어링은 모델 출력의 정확성과 관련성을 개선하고, 편견을 줄이며, 효율성을 높이고, 사용자 지정이 가능하기 때문에 대규모 언어 모델에 중요합니다. 개발자는 프롬프트를 신중하게 제작함으로써 대규모 언어 모델이 애플리케이션의 특정 요구 사항을 충족하는 출력을 생성하도록 보장할 수 있습니다.

프롬프트만 사용하는 것과 프롬프트 엔지니어링을 통해 개선된 프롬프트를 사용하는 것의 차이점은 아주 크며, 구체적인 예를 통해 설명할 수 있습니다.

"**프랑스의 수도는 무엇인가요?**"라는 프롬프트를 생각해 보겠습니다. 이 프롬프트만 사용하는 경우 모델은 작업할 수 있는 정보가 제한되어 있으므로 "파리"와 같이 정확하지만 흥미롭지 않은 응답을 생성할 수 있습니다. 하지만 "**프랑스의 수도는 무엇이며 이 도시에 대한 흥미로운 사실은 무엇인가요?**"와 같이 더 많은 문맥을 제공하는 개선된 프롬프트를 사용하면 모델에 보다 구체적인 작업이 주어져 더 흥미롭고 매력적인 결과를 생성할 수 있습니다. 예를 들어 이 모델은 파리의 건축, 음식 또는 역사에 대한 정보를 제공할 수 있습니다.

또 다른 예로는 **"뉴욕에서 가장 맛있는 레스토랑은 어디인가요?"**라는 프롬프트가 있습니다. 이 프롬프트는 모델에 제한된 문맥을 제공하며 사용자의 요구와 매우 구체적이지 않거나 관련성이 낮은 출력을 초래할 수 있습니다. 그러나 **"뉴욕에서 로맨틱한 데이트를 하기에 가장 좋은 레스토랑은 어디인가요?"**와 같이 더 자세한 정보를 제공하는 개선된 프롬프트를 사용하면 모델에 더 구체적인 작업이 주어져 보다 관련성 있고 유용한 출력을 생성할 수 있습니다. 예를 들어, 모델은 로맨틱한 분위기의 레스토랑이나 커플을 위한 특별 메뉴를 제공하는 레스토랑에 대한 정보를 제공할 수 있습니다.

이 두 가지 예에서 프롬프트 엔지니어링은 모델의 출력을 안내하기 위해 추가적인 문맥과 구체성을 제공하는 것을 포함합니다. 이를 통해 사용자에게 더 정확하고 관련성이 높으며 흥미로운 결과를 제공할 수 있습니다. 개발자는 모델의 강점을 살린 프롬프트를 신중하게 제작함으로써 모델이 생성하는 출력이 사용자의 특정 요구에 유용하고 흥미를 유발할 수 있도록 지원할 수 있습니다.

좋은 프롬프트

챗GPT는 프롬프트 창을 통해 적용할 수 있는 여러 가지 프롬프트 엔지니어링 기법을 제공하는 대규모 언어 모델입니다. 챗GPT에서 사용할 수 있는 좋은 프롬프트는 다음과 같습니다:

명확하고 구체적인 프롬프트 제공: 사용자는 모델이 정확하고 관련성 있는 출력을 생성하는 데 필요한 문맥을 제공하는 명확하고 구체적인 프롬프트를 사용할 수 있습니다. 예를 들어 **"고양이에 대해 말해줘"**와 같은 일반적인 프롬프트 대신 **"샴 고양이의 식단 요건은 무**

엇인가요?"와 같이 보다 구체적인 프롬프트를 제공할 수 있습니다.

관련 프롬프트 사용하기: 사용자는 관련 프롬프트를 사용하여 모델의 출력을 안내하고 보다 정확하고 다양한 응답을 생성할 수 있습니다. 예를 들어, 사용자는 "소셜 미디어 광고의 모범 사례는 무엇인가요?", "소셜 미디어 마케팅에서 피해야 할 일반적인 실수는 무엇인가요?" 등의 관련 프롬프트를 함께 사용하여 소셜 미디어 마케팅에 관한 블로그 게시물에 대한 다양한 아이디어를 생성할 수 있습니다.

문맥 추가 제공: 사용자는 프롬프트에 추가 문맥을 제공하여 모델이 보다 관련성 있고 정확한 결과물을 생성하도록 도울 수 있습니다. 예를 들어, 사용자가 "평발인 사람에게 좋은 러닝화에서 가장 중요한 기능은 무엇인가요?"와 같은 프롬프트를 제공할 수 있습니다.

예제 제공: 사용자는 프롬프트에 예제를 제공하여 모델이 보다 정확하고 관련성 높은 출력을 생성하도록 도울 수 있습니다. 예를 들어, 사용자는 "명상이나 호흡 운동과 같은 마음 챙김 연습과 같이 직장에서 스트레스를 줄일 수 있는 방법에는 어떤 것이 있나요?"와 같은 프롬프트를 제공할 수 있습니다.

템플릿 사용: 챗GPT는 사용자가 프롬프트를 안내하고 보다 관련성 있고 정확한 결과물을 생성하는 데 도움이 되는 템플릿을 제공합니다. 이러한 템플릿은 사용자의 특정 요구에 맞게 사용자 지정할 수 있는 미리 작성된 프롬프트입니다.

전반적으로 챗GPT는 프롬프트 창을 통해 보다 정확하고 관련성 높은 출력을 생성하기 위해 적용할 수 있는 다양한 프롬프트 엔지니어링 기법을 제공합니다.

제어 코드

챗GPT에 사용되는 프롬프트 엔지니어링 기술의 제어 코드는 프롬프트 내에서 모델에 추가 지침을 제공하기 위해 사용할 수 있는 특수 토큰 세트입니다. 이러한 코드는 모델이 프롬프트의 문맥과 요구 사항을 이해하고 보다 정확하고 관련성 있는 출력을 생성하는 데 도움이 됩니다. 챗GPT에서 제어 코드의 한 가지 구체적인 예는 온도 제어 코드의 사용입니다.

온도 제어 코드는 모델 출력의 무작위성과 창의성의 정도를 조정하는 데 사용됩니다. 온도 제어 코드는 일반적으로 0에서 1 사이의 값으로 설정되며, 값이 클수록 더 창의적이고 다양한 출력을 나타냅니다. 예를 들어 사용자가 다음과 같은 프롬프트를 포함할 수 있습니다:

하늘에서 떨어지는 것들은 어떤 것들이 있습니까? [temperature=0.5]

이 예에서는 프롬프트 끝에 제어 코드 [temperature=0.5]가 포함되어 있어 사용자가 모델에서 적당히 창의적이고 다양한 출력을 생성하기를 원한다는 것을 나타냅니다. 이 값을 0.9로 올리면 좀더 다양한 물체가 답변에 나오게 됩니다. 온도 제어 코드의 값을 조정하여 사용자는 특정 요구 사항과 필요에 맞게 모델의 출력을 미세 조정할 수 있습니다.

챗GPT에서 사용할 수 있는 제어 코드의 다른 예로는 출력의 길이를 지정하는 데 사용되는 길이 제어 코드와 모델 출력의 확률 분포를 제어하는 데 사용되는 top-p 제어 코드가 있습니다. 이러한 제어 코드를 사용하여 사용자는 모델의 출력을 최적화하고 보다 정확하고 관련성 높은 결과를 생성할 수 있습니다.

"다음에 나올 가능성이 가장 높은 단어들을 예측하여 다음 문장을 완성하세요:"

메리가 가진 동물은 [top-k=3]

top-k=3의 출력 예는 다음과 같습니다:

양
개
고양이

이 프롬프트는 top-k를 사용하여 " **메리가 가진 동물은** " 문장 뒤에 올 가능성이 가장 높은 세 단어를 생성한다. 예상 답변은 '양', '개', '고양이' 등이지만 모델의 교육 데이터와 온도 설정에 따라 다른 답변도 가능할 수 있다. 사용자는 top-k 예측 목록에서 문장을 완성하기에 가장 적합한 단어를 선택할 수 있다.

프롬프트 증강

프롬프트 증강은 모델의 출력을 안내하기 위해 프롬프트에 추가 문맥이나 정보를 추가하는 프롬프트 엔지니어링 기법입니다. 챗GPT는 보다 정확하고 관련성 높은 출력을 생성하는 데 사용할 수 있는 몇 가지 프롬프트 증강 기법을 제공합니다. 다음은 챗GPT에서 프

롬프트 증강의 몇 가지 구체적인 예입니다:

키워드 추가하기: 사용자는 프롬프트에 키워드를 추가하여 모델의 출력을 안내할 수 있습니다. 예를 들어 사용자가 "**마라톤을 훈련하는 가장 좋은 방법은 무엇인가요?**"라고 질문하고 "**초보자**", "**상급자**" 또는 "**인터벌 트레이닝**"과 같은 키워드를 포함하여 모델에 보다 구체적인 안내를 제공할 수 있습니다.

예제 제공: 사용자는 프롬프트에 예제를 제공하여 모델이 보다 정확하고 관련성 높은 출력을 생성하도록 도울 수 있습니다. 예를 들어 사용자가 "**건강한 아침 식사은 무엇인가요?**"라고 질문하고 "**오트밀**", "**스무디**" 또는 "**아보카도 토스트**"와 같은 예시를 포함하여 모델의 출력을 안내할 수 있습니다.

여러 프롬프트 사용: 사용자는 여러 프롬프트를 사용하여 모델의 출력을 안내하고 더 다양한 응답을 생성할 수 있습니다. 예를 들어, 사용자는 "**소셜 미디어 광고의 모범 사례는 무엇인가요?**", "**소셜 미디어 마케팅에서 피해야 할 일반적인 실수는 무엇인가요?**" 등 소셜 미디어 마케팅에 관한 블로그 게시물에 대한 다양한 아이디어를 생성하기 위해 여러 개의 프롬프트를 사용할 수 있습니다.

추가 문맥 제공: 사용자는 프롬프트에 추가 문맥을 제공하여 모델이 보다 관련성 있고 정확한 결과물을 생성하도록 도울 수 있습니다. 예를 들어, 사용자가 "**평발인 사람에게 좋은 러닝화의 가장 중요한 기능은 무엇인가요?**"와 같은 프롬프트를 제공할 수 있습니다.

템플릿 사용: 챗GPT는 사용자가 프롬프트를 안내하고 보다 관련성

있고 정확한 출력을 생성하는 데 도움이 되는 템플릿을 제공합니다. 이러한 템플릿은 사용자의 특정 요구에 맞게 사용자 지정할 수 있는 사전 구축된 프롬프트입니다. 예를 들어 챗GPT는 **"제품의 기능과 이점을 설명하세요"** 및 **"이 제품의 일반적인 사용 사례는 무엇인가요?"**와 같은 프롬프트가 포함된 전자상거래 웹사이트용 제품 설명을 생성하기 위한 템플릿을 제공할 수 있습니다.

"이 제품의 기능 및 장점 설명" 프롬프트가 포함된 이커머스 웹사이트용 프롬프트 템플릿을 생성합니다.

챗GPT는 위 프롬프트로 아래와 같은 템플릿을 생성합니다. 사용자는 이 템플릿에 []안에 내용을 채우고 프롬프트에 입력하면 챗GPT가 제품의 기능 및 장점을 문장으로 만들어 줍니다. 아래는 생성한 예가 있습니다. 템플릿 안의 항목과 내용은 여러 번 챗GPT에 물어보면서 반복적으로 튜닝하면 호소력 높은 상품 설명글을 생성할 수 있습니다.

제품 이름: [제품 이름 입력]
목표 고객: [고객 목록]
키워드: [키워드 목록]
길이: [웹사이트에 넣을 설명문 길이]
톤: [어투]
이 제품의 기능과 이점을 설명하십시오.

아래에 위 템플릿에 각 필드를 입력한 예가 있습니다.

제품 이름: 무선 이어 버드
목표 고객: 피트니스 애호가와 이동이 잦은 사용자

프롬프트 유형: 설명
키워드: 땀 방지, 긴 배터리 수명, 안전한 착용감
길이: 100단어
톤: 설득력, 캐주얼
이 제품의 기능과 이점을 설명하십시오.

챗GPT는 위 프롬프트로 아래와 같은 설명문을 생성할 수 있습니다. 위 프롬프트 내용을 추가, 삭제, 수정을 통해 좋은 문장이 나올 때까지 반복 실행하면 됩니다.

이 무선 이어 버드는 피트니스 애호가와 이동이 잦은 사용자들을 위해 특별히 개발되었습니다. 제품은 땀 방지 기능으로 인해 땀이 많이 나는 운동 중에도 편안한 착용감을 제공합니다. 또한, 긴 배터리 수명으로 오랫동안 사용이 가능하며, 충전 시간이 짧아 언제든 즉시 사용이 가능합니다. 안전한 착용감으로 높은 활동성을 보여줄 수 있고, 무거운 움직임에도 끼임 없이 안정적으로 착용할 수 있습니다. 이 제품은 캐주얼한 스타일로 제작되어 패션적인 요소도 높으며, 다양한 색상과 디자인으로 개인의 취향에 맞게 선택할 수 있습니다. 이 모든 이유로, 이 무선 이어 버드는 피트니스 애호가와 이동이 잦은 사용자들에게 권해드립니다.

좋은 문장이 나왔으면 수작업으로 수정하고 최종본을 만듭니다. 마지막으로 챗GPT가 생성한 문장은 반드시 사실 검증 또는 편견 포함 여부와 같은 검토가 필요합니다.

전반적으로 프롬프트 증강은 사용자가 보다 정확하고 관련성 높은 결과물을 생성하는 데 도움이 되는 중요한 프롬프트 엔지니어링 기법입니다. 추가 문맥, 예제 또는 키워드를 제공함으로써 사용자는 모델의 출력을 안내하고 특정 요구 사항과 요구 사항을 충족하는지 확인할 수 있습니다.

생성 모드

생성 모드는 모델의 출력을 안내하고 보다 정확하고 관련성 높은 응답을 생성하기 위해 챗GPT에서 사용되는 신속한 엔지니어링 기법입니다. 챗GPT는 다양한 작업 및 사용 사례에 맞게 모델의 출력을 최적화하는 데 사용할 수 있는 여러 생성 모드를 제공합니다. 다음은 챗GPT의 생성 모드에 대한 몇 가지 구체적인 예입니다:

조건부 생성: 이 생성 모드는 특정 입력에 따라 조건부 출력을 생성하는 데 사용됩니다. 예를 들어 사용자가 **"뉴욕에서 가장 맛있는 이탈리안 레스토랑은 어디인가요?"**라는 입력을 제공하면 모델이 해당 위치와 요리에 맞는 출력을 생성할 수 있습니다.

무조건 생성: 이 생성 모드는 특정 제약 조건이나 입력 없이 출력을 생성하는 데 사용됩니다. 예를 들어 사용자가 **"이야기를 들려주세요"**라고 질문하면 모델이 내부 지식과 창의력을 바탕으로 이야기를 생성합니다.

마스킹 언어 모델링: 이 생성 모드는 주어진 텍스트에서 누락된 단어나 구를 채우는 출력을 생성하는 데 사용됩니다. 예를 들어 사용자가 **"_가 달을 뛰어넘었다"**라는 텍스트를 입력하면 모델이 언어 및 문맥에 대한 지식을 바탕으로 누락된 단어를 생성합니다.

단발성 학습: 이 생성 모드는 제한된 양의 학습 데이터를 기반으로 출력을 생성하는 데 사용됩니다. 예를 들어 사용자가 작은 예제나 지침을 제공하면 모델이 해당 훈련 데이터와 일치하는 출력을 생성

합니다.

신비한 문을 여는 마법의 열쇠를 발견한 소년의 이야기를 단편 소설로 써 보세요.

이 예에서는 AI 언어 모델에 특정 시나리오를 기반으로 단편 소설을 생성하도록 요청하고 있습니다. 이 경우 원샷 학습을 사용하여 모델이 이전에 유사한 프롬프트를 본 적이 없더라도 특정 프롬프트에 대한 응답으로 창의적인 글을 생성하는 방법을 학습하도록 도울 수 있습니다. 예를 들어, 아래와 같은 프롬프트는 가상의 데이터를 신속하게 원하는 개수만큼 만들어 줍니다.

아파트 이름, 호수, 평수, 가격, 방개수를 CSV 형태로 5개 생성해주세요.

챗GPT가 생성한 가상 데이터 입니다.

아파트 이름,호수,평수,가격,방개수
래미안푸르지오,101호,60평,500000000,2개
아크로리버파크,1202호,85평,1200000000,3개
롯데캐슬,507호,120평,1600000000,4개
타워팰리스,2101호,75평,1000000000,3개
더퍼스트하이,2701호,110평,1800000000,4개

유사한 프롬프트의 작은 데이터 세트로 AI 언어 모델을 학습시킴으로써 당면한 특정 작업에 맞는 보다 정확하고 매력적인 응답을 생성하는 방법을 학습할 수 있습니다. 원샷 학습은 모델을 처음부터 훈련할 수 있는 데이터가 충분하지 않은 시나리오에서 특히 유용하며, 제한된 데이터로 모델을 일반화하고 새로운 작업에 적응할 수 있도록 해줍니다.

미세 조정: 이 생성 모드는 특정 작업이나 사용 사례에 맞게 모델의 출력을 최적화하는 데 사용됩니다. 여기에는 특정 데이터 또는 예제 세트에 대한 모델 학습이 포함되며, 이를 통해 특정 사용 사례에 대해 보다 정확하고 관련성 높은 출력을 생성할 수 있습니다.

미세 조정은 OpenAI의 유료 API를 이용하여 구축할 수 있습니다. OpenAI 제공하는 모델들을 확장하는 용도로 사용이 됩니다. API 호출에 따른 비용이 발생하지만, 고객 스스로 자신이 보유한 데이터로 자신만의 모델을 구축하는 고급 기법입니다. 보유한 데이터를와 챗GPT의 능력을 결합한 웹 서비스를 만들 때 미세 조정 기법이 유용합니다. 자세한 내용은 OpenAI에서 Fine Tuning API 문서를 참고하면 됩니다.

전반적으로 생성 모드는 다양한 작업과 사용 사례에 맞게 모델의 출력을 최적화하는 데 사용할 수 있는 중요한 프롬프트 엔지니어링 기법입니다. 사용자는 적절한 생성 모드를 신중하게 선택함으로써 모델이 특정 요구 사항과 요구 사항을 충족하는 출력을 생성하도록 할 수 있습니다.

조건부 생성

조건부 생성은 특정 입력 또는 문맥에 따라 조건부 출력을 생성하기 위해 챗GPT에서 사용되는 프롬프트 엔지니어링 기법입니다. 이 기술을 통해 사용자는 모델의 출력을 안내하고 보다 정확하고 관련성 높은 응답을 생성할 수 있습니다. 다음은 챗GPT의 조건부 생성

에 대한 몇 가지 구체적인 예입니다:

주제 제공: 사용자는 프롬프트에 특정 주제를 제공하여 모델의 출력을 안내할 수 있습니다. 예를 들어 사용자가 *"인공지능에 대해 읽으면 좋은 책은 무엇인가요?"*라는 입력을 제공하면 모델이 해당 주제에 맞는 출력을 생성합니다.

키워드 제공: 사용자는 프롬프트에 키워드를 입력하여 모델의 출력을 안내할 수 있습니다. 예를 들어 사용자가 **마라톤 훈련하는 가장 좋은 방법은 무엇인가요?**라고 질문하고 **초급**, **고급** 또는 **인터벌 트레이닝**과 같은 키워드를 포함시켜 모델에 보다 구체적인 지침을 제공할 수 있습니다.

위치 제공: 사용자는 프롬프트에 특정 위치를 입력하여 모델의 출력을 안내할 수 있습니다. 예를 들어 사용자가 *"샌프란시스코에서 가장 맛있는 레스토랑은 어디인가요?"*라는 입력을 제공하면 모델이 해당 위치에 맞는 출력을 생성할 수 있습니다.

문맥 제공: 사용자는 프롬프트에 추가 문맥을 제공하여 모델이 보다 관련성 있고 정확한 출력을 생성하도록 도울 수 있습니다. 예를 들어, 사용자가 **당뇨병 환자를 위한 건강한 아침 식사 옵션은 무엇인가요?**라는 입력을 제공하면 모델이 해당 문맥에 맞는 출력을 생성할 수 있습니다.

사용자 프로필 제공: 사용자는 프롬프트에 사용자 프로필을 제공하여 모델의 출력을 안내할 수 있습니다. 예를 들어 사용자가 **공포 영화를 좋아하는 사람이 볼 만한 좋은 영화는 무엇인가요?**라는 입력을

제공하면 모델은 해당 사용자의 선호도에 맞는 출력을 생성할 수 있습니다.

전반적으로 조건부 생성은 사용자가 보다 정확하고 관련성 높은 출력을 생성할 수 있도록 도와주는 중요한 프롬프트 엔지니어링 기법입니다. 사용자는 특정 입력 또는 문맥을 제공함으로써 모델의 출력을 안내하고 특정 요구 사항과 요구 사항을 충족하는지 확인할 수 있습니다.

다중 프롬프트 생성

다중 프롬프트 생성은 특정 주제에 대해 다양한 관점이나 각도에서 다양한 출력을 생성하기 위해 챗GPT에서 사용되는 프롬프트 엔지니어링 기법입니다. 이 기법은 여러 프롬프트를 사용하여 모델의 출력을 안내하고 보다 정확하고 흥미로운 응답을 생성하는 것입니다. 다음은 챗GPT에서 다중 프롬프트 생성의 몇 가지 구체적인 예입니다:

창의적인 프로젝트를 위한 아이디어 생성: 사용자는 여러 프롬프트를 사용하여 창의적인 프로젝트에 대한 다양한 아이디어를 생성할 수 있습니다. 예를 들어, 사용자가 **"새로운 소셜 미디어 캠페인에 대한 창의적인 아이디어는 무엇인가요?"**라고 질문하고 **"사용자 제작 콘텐츠를 사용하는 흥미로운 방법은 무엇인가요?"**, **"협업할 수 있는 인기 소셜 미디어 인플루언서는 누구인가요?"**와 같은 여러 개의 프롬프트를 사용할 수 있습니다.

문제에 대한 다양한 접근 방식 탐색: 사용자는 여러 프롬프트를 사

용하여 문제나 과제에 대한 다양한 접근 방식을 탐색할 수 있습니다. 예를 들어, 사용자가 "직장에서 스트레스를 줄이는 방법에는 어떤 것이 있을까요?"라고 질문하고 "마음챙김을 실천할 수 있는 방법에는 어떤 것이 있을까요?", "스트레스를 줄이기 위해 업무 환경에 어떤 변화를 줄 수 있을까요?"와 같은 여러 프롬프트를 사용할 수 있습니다.

마케팅 전략 개발: 사용자는 여러 프롬프트를 사용하여 마케팅 전략에 대한 다양한 아이디어를 생성할 수 있습니다. 예를 들어, 사용자는 "신제품을 마케팅하는 효과적인 방법은 무엇일까요?"라고 질문하고 "성공적인 제품 출시 전략에는 어떤 것이 있을까요?", "타겟 고객에게 도달할 수 있는 독특한 방법은 무엇일까요?"와 같은 여러 프롬프트를 사용할 수 있습니다.

콘텐츠 아이디어 브레인스토밍: 사용자는 여러 프롬프트를 사용하여 블로그 게시물이나 기사 등의 콘텐츠에 대한 다양한 아이디어를 생성할 수 있습니다. 예를 들어, 사용자는 "기술에 관한 블로그 게시물에 흥미로운 주제는 무엇일까요?"라고 질문하고 "살펴볼 새로운 기술 트렌드는 무엇일까요?", "우리가 반박할 수 있는 일반적인 기술 상식은 무엇일까요?" 등의 여러 프롬프트를 사용할 수 있습니다.

전반적으로 다중 프롬프트 생성은 사용자가 다양하고 흥미로운 결과물을 생성하는 데 도움이 되는 중요한 프롬프트 엔지니어링 기법입니다. 여러 프롬프트를 사용하여 모델의 출력을 안내함으로써 사용자는 특정 주제에 대해 다양한 관점과 각도에서 탐색하고 보다 정확하고 관련성 높은 답변을 생성할 수 있습니다.

대화에서 여러 개의 프롬프트를 사용할 때 정확도가 향상되는 것은 챗GPT에 더 많은 문맥을 제공함으로써 종종 발생합니다. 문맥은 특정 메시지나 입력을 둘러싼 정보를 말하며, 챗GPT가 사용자의 의도를 더 잘 이해하고 적절하게 응답하는 데 도움이 됩니다.

예를 들어 사용자가 하나의 입력 또는 프롬프트를 제공하면 챗GPT는 사용자가 무엇을 찾고 있는지 완전히 이해하기 위한 충분한 정보를 얻지 못할 수 있습니다. 그러나 여러 개의 프롬프트가 제공되면 챗GPT는 추가 문맥을 사용하여 사용자의 의도를 더 잘 해석하고 더 정확한 응답을 제공할 수 있습니다. 더 많은 정보와 문맥을 제공함으로써 여러 프롬프트는 모호함을 줄이고 챗GPT의 응답 정확도를 향상시키는 데 도움이 될 수 있습니다.

기존 문맥와 다른 대화를 챗GPT와 하고 싶다면 새 대화를 만드는 것이 좋은 방법입니다. 새 대화를 시작하면 이전 대화의 문맥이나 흐름을 방해하지 않고 새로운 입력 또는 프롬프트 세트를 챗GPT에 제공할 수 있습니다. 이렇게 하면 챗GPT가 사용자의 입력을 정확하게 해석하여 적절한 응답을 제공할 수 있습니다.

새 대화를 시작하면 주제를 바꾸거나 챗GPT와 다른 주제에 대해 토론하고 싶을 때도 유용할 수 있습니다. 새 대화를 만들면 새 주제나 주제에 맞게 특별히 맞춤화된 새로운 입력 또는 프롬프트 세트를 챗GPT에 제공할 수 있습니다. 이렇게 하면 챗GPT가 대화의 새 주제나 주제에 맞는 정확하고 관련성 있는 응답을 제공할 수 있습니다.

비판적 사고력

챗GPT를 사용하면 생산성을 높일 수 있는 강력한 도구가 될 수 있지만, 모델에서 생성된 결과물이 정확하고 관련성이 있는지 확인하기 위해서는 비판적 사고가 필요하다는 점을 기억하는 것이 중요합니다. 다음은 챗GPT를 사용할 때 비판적 사고가 필요한 이유에 대한 두 가지 구체적인 예시입니다:

문맥 이해: 챗GPT는 머신러닝 알고리즘을 사용하여 입력 데이터의 패턴을 기반으로 출력을 생성합니다. 하지만 이 모델에는 사람과 같은 문맥 이해 능력이 없기 때문에 특정 상황에서 부적절하거나 관련 없는 출력을 생성할 수 있습니다. 예를 들어 사용자가 챗GPT에 **"면접을 준비하는 가장 좋은 방법은 무엇인가요?"**라고 질문하면 모델은 기술적으로는 정확하지만 사용자의 특정 요구 사항이나 상황에 적합하지 않은 출력을 생성할 수 있습니다. 챗GPT가 생성한 결과를 평가하고 사용자의 질문이나 작업의 맥락에서 적절하고 관련성이 있는지 확인하려면 비판적 사고가 필요합니다.

편견과 부정확성: 모든 머신 러닝 모델과 마찬가지로 챗GPT는 편견이나 부정확성을 포함할 수 있는 특정 데이터 세트에 대해 학습됩니다. 이로 인해 모델이 편향되거나 부정확한 출력을 생성할 수 있습니다. 예를 들어 사용자가 챗GPT에 **"기후 변화의 원인은 무엇인가요?"**라고 질문하면 모델은 학습된 데이터의 편향성이나 부정확성을 반영하는 출력을 생성할 수 있습니다. 챗GPT가 생성한 결과를 평가하고 정확하고 편견이 없는지 확인하려면 비판적 사고가 필요합니다.

전반적으로 비판적 사고는 생산성을 높이기 위해 챗GPT를 사용하는 모든 사람에게 필수적인 기술입니다. 모델에 의해 생성된 결과를 평가하고 사용자의 질문이나 작업의 맥락에서 정확하고 관련성이 있는지 확인함으로써 사용자는 챗GPT의 힘을 활용하여 목표를 달성하고 생산성을 높일 수 있습니다.

비판적 사고는 챗GPT를 효과적으로 사용하기 위한 중요한 기술이지만, 비판적 사고 능력이 부족하더라도 모델에서 좋은 결과를 얻을 수 있습니다. 챗GPT는 입력 데이터의 패턴을 기반으로 출력을 생성하도록 설계되었기 때문에 사용자의 많은 안내나 감독 없이도 정확하고 관련성 높은 응답을 생성할 수 있는 경우가 많기 때문입니다. 다음은 비판적 사고 능력이 부족하더라도 챗GPT에서 좋은 결과를 얻는 데 도움이 되는 몇 가지 전략입니다:

여러 개의 프롬프트를 사용하세요: 특정 주제에 대해 여러 개의 프롬프트를 제공하면 챗GPT로부터 정확하고 관련성 높은 답변을 얻을 가능성을 높일 수 있습니다. 모델이 작업할 입력이 많아져 더 많은 정보를 바탕으로 정확한 답변을 생성하는 데 도움이 될 수 있기 때문입니다.

더 간단한 프롬프트를 사용하세요: 비판적 사고 능력이 부족하다면 보다 간단하고 개방적인 질문을 사용하는 것이 도움이 될 수 있습니다. 예를 들어 "소규모 비즈니스를 시작하는 가장 좋은 방법은 무엇인가요?"라고 묻는 대신 "소규모 비즈니스를 시작하기 위한 첫 단계는 무엇인가요?"라고 질문할 수 있습니다. 이렇게 하면 챗GPT의 출력을 안내하고 정확하고 관련성 높은 답변을 얻을 가능성을 높일 수 있습니다.

피드백과 수정을 활용하세요: 비판적 사고 능력이 부족하더라도 챗 GPT의 결과에 대한 피드백과 수정을 제공할 수 있습니다. 모델이 부정확하거나 관련 없는 응답을 생성하는 것을 발견하면 수정이나 제안을 제공하여 향후 응답을 안내하는 데 도움을 줄 수 있습니다.

사용자가 비판적 사고 능력을 향상하면 모델의 결과물을 평가하고 정확하고 관련성이 있는지 확인하는 데 도움이 될 수 있으므로 챗 GPT를 사용할 때 생산성을 향상시킬 수 있는 유용한 방법이 될 수 있습니다. 다음은 사용자가 비판적 사고력을 향상시킬 수 있는 몇 가지 쉬운 방법입니다:

폭넓게 읽기: 다양한 책, 기사 및 기타 자료를 읽으면 다양한 관점과 사고 방식에 노출되어 비판적 사고 능력을 개발하는 데 도움이 될 수 있습니다. 기존의 신념과 가정에 도전하는 내용을 포함하여 다양한 출처의 글을 읽어야 합니다.

질문하기: 질문은 정보의 정확성과 관련성을 평가하는 데 도움이 될 수 있으므로 비판적 사고의 중요한 부분입니다. 수신하는 정보에 대해 질문하고 답변의 품질을 평가하세요.

반성하는 연습을 하세요: 자신의 사고와 의사 결정 과정을 성찰하면 비판적 사고력에 영향을 미칠 수 있는 편견과 가정을 파악하는 데 도움이 될 수 있습니다. 자신의 생각을 되돌아보고 자신의 가정과 편견을 평가하는 시간을 가져 보세요.

토론과 토론에 참여하세요: 다른 사람들과 토론과 토론에 참여하면

다양한 관점에 노출되고 자신의 사고에 도전함으로써 비판적 사고력을 키울 수 있습니다. 토론과 토론에 참여할 때는 서로를 존중하고 건설적인 방식으로 참여해야 합니다.

온라인 강좌를 수강하세요: 비판적 사고력을 키우는 데 도움이 되는 다양한 온라인 강좌와 리소스를 이용할 수 있습니다. 이러한 리소스는 정보를 평가하고 다양한 문제에 대해 비판적으로 사고하기 위한 도구와 전략을 제공할 수 있습니다.

전반적으로 비판적 사고력을 향상시키는 것은 연습과 노력이 필요한 지속적인 과정입니다. 폭넓은 독서, 질문하기, 성찰 연습, 토론 및 토론 참여, 온라인 강좌 수강 등을 통해 비판적 사고력을 향상시키고 챗GPT를 사용할 때 생산성을 향상시킬 수 있습니다.

도메인 지식 축척

도메인 지식은 모델에서 생성된 결과물이 정확하고 사용자가 작업 중인 특정 도메인이나 분야와 관련이 있는지 확인하는 데 도움이 될 수 있으므로 챗GPT를 사용하여 생산성을 높일 때 중요한 요소입니다. 다음은 챗GPT를 사용할 때 도메인 지식이 중요한 이유에 대한 두 가지 구체적인 예시입니다:

의료 진단: 의료 분야에서 일하며 챗GPT를 사용하여 환자를 진단하는 사용자는 의학 용어와 특정 증상 및 질환에 대해 잘 이해하고 있어야 합니다. 이러한 분야별 지식이 없으면 챗GPT에서 생성된 결과가 부정확하거나 환자의 상태와 관련이 없을 수 있으며, 이는 환자의 건강에 심각한 결과를 초래할 수 있습니다.

법률 자문: 법률 분야에서 일하며 고객에게 법률 자문을 제공하기 위해 챗GPT를 사용하는 사용자는 해당 관할권의 관련 법률 및 규정을 잘 이해하고 있어야 합니다. 이러한 도메인 관련 지식이 없으면 챗GPT에서 생성된 결과가 부정확하거나 고객의 상황과 관련이 없을 수 있으며, 이는 심각한 법적 결과를 초래할 수 있습니다.

챗GPT는 학습하지 못한 영역에 대한 질문에도 유창하게 답을 생성하는 경우가 있습니다. 답변이 틀렸다고 판단되면 사용자가 알고 있는 도메인 정보를 추가하여 답변을 교정할 수 있습니다. 아래는 챗GPT에게 사용자 도메인 정보를 제공하는 프롬프트 템플릿 입니다.

죄송합니다, 챗GPT, [도메인 이름]에 대한 답변이 잘못되었습니다. [정확한 정보]가 맞는 답입니다. 참고로 [도메인 이름]에 대해 추가 정보가 필요하다면, 이것들을 확인해 보실 수 있습니다:

[도메인 정보 1]
[도메인 정보 2]
[도메인 정보 3]
[도메인 정보 4]
[도메인 정보 5]
[도메인 정보 6]
[도메인 정보 7]
[도메인 정보 8]
[도메인 정보 9]
[도메인 정보 10]

챗GPT는 대용량 언어 모델이기 때문에 거의 모든 질문에 답을 생성합니다. 쉬운 예를 들기 위해 챗GPT가 딥러닝 도메인에 관한 질문에 잘못된 답변을 한 상황을 가정합니다. 이때 위의 템플릿에 아래와 같은 도메인 정보를 채워 챗GPT에게 도메인 정보를 제공할 수 있습니다.

죄송합니다, 챗GPT, 인공지능 기술 중 딥러닝에 대한 답변이 잘못되었습니다. 신경망은 딥러닝에서 사용되는 알고리즘의 일종입니다. 참고로 딥러닝에 대해 추가 정보가 필요하다면, 이것들을 확인해 보실 수 있습니다:

딥러닝은 머신러닝의 한 분야로, 심층 신경망(deep neural network)을 이용해 다층적인 추상화를 수행합니다.
딥러닝은 이미지 인식, 자연어 처리, 음성 인식 등 다양한 분야에서 활용됩니다.
딥러닝에서는 데이터의 양이 많을수록 좋은 성능을 보입니다.
딥러닝에 사용되는 활성화 함수에는 ReLU, Sigmoid, Tanh 등이 있습니다.
딥러닝에서 오버피팅(overfitting)을 방지하기 위해 드롭아웃(dropout)과 같은 기법을 사용합니다.

이런 방식으로 챗GPT에 전달하는 도메인 정보의 크기는 매우 작습니다. 챗GPT 프롬프트는 한번에 쓸 수 있는 크기에 제약이 있습니다. 다중 프롬프트를 이용하면 조금 더 큰 정보를 넣을 수 있지만 이 역시 제약이 있습니다. 대량의 도메인 데이터를 이용하려면 OpenAI에서 제공하는 미세 조정 기법을 사용해야 합니다.

프로그래밍 기술

프로그래밍 기술은 데이터 전처리, 사용자 지정 인터페이스, 작업

자동화라는 모델 사용의 세 가지 중요한 측면에 도움이 될 수 있으므로 챗GPT를 사용하여 생산성을 높일 때 중요합니다. 프로그래밍 기술이 이러한 각 측면에 어떻게 도움이 될 수 있는지 설명합니다:

데이터 전처리: 챗GPT를 사용하여 출력을 생성할 때는 작업과 관련된 고품질의 입력 데이터를 모델에 제공하는 것이 중요합니다. 프로그래밍 기술이 있다면 입력 데이터를 정리, 필터링, 변환하여 챗GPT에 사용하기에 적합하도록 데이터 전처리에 도움이 될 수 있습니다. 예를 들어 이커머스 웹사이트에 대한 제품 설명을 생성하기 위해 챗GPT를 사용하는 경우 프로그래밍 기술이 있다면 제품 데이터를 사전 처리하여 관련 없는 정보를 제거하고, 제품 설명을 표준화하며, 입력 데이터가 일관되고 고품질인지 확인하는 데 도움이 될 수 있습니다.

맞춤형 인터페이스: 챗GPT를 효과적으로 사용하려면 특정 요구에 최적화된 방식으로 모델과 상호 작용할 수 있는 맞춤형 인터페이스를 갖추는 것이 중요합니다. 프로그래밍 기술은 워크플로에 맞게 사용자 인터페이스를 개발하고 필요한 특정 기능을 제공함으로써 사용자 지정 인터페이스에 도움을 줄 수 있습니다. 예를 들어 특정 프로그래밍 언어에 대한 코드 스니펫을 생성하기 위해 챗GPT를 사용하는 경우 프로그래밍 스킬을 사용하면 코드 제안, 구문 강조 표시 및 해당 언어에 특정한 기타 기능을 제공하는 사용자 지정 인터페이스를 개발하는 데 도움이 될 수 있습니다.

작업 자동화: 챗GPT는 많은 작업을 자동화하는 데 사용할 수 있지만, 그 기능을 최대한 활용하려면 작업을 효과적으로 자동화할 수 있는 프로그래밍 스킬이 있어야 합니다. 프로그래밍 기술은 챗GPT

를 워크플로에 통합하고 반복적인 작업을 자동화할 수 있는 스크립트, 매크로 및 기타 자동화 도구를 개발할 수 있도록 하여 작업 자동화에 도움을 줄 수 있습니다. 예를 들어, 마케팅 캠페인을 위한 소셜 미디어 게시물을 생성하기 위해 챗GPT를 사용하는 경우 프로그래밍 기술이 있으면 특정 프롬프트와 입력 데이터를 기반으로 자동으로 게시물을 생성하는 자동화 스크립트를 개발하는 데 도움이 될 수 있습니다.

전반적으로 프로그래밍 기술은 데이터 전처리, 사용자 지정 인터페이스 및 작업 자동화와 같은 모델 사용의 중요한 측면에 도움이 될 수 있기 때문에 생산성을 높이기 위해 챗GPT를 사용할 때 필요합니다. 프로그래밍 기술을 개발하면 챗GPT를 효과적으로 사용하고 업무 생산성을 극대화할 수 있습니다.

다음은 Python을 사용한 데이터 전처리 및 서식 지정의 간단한 예입니다. 제품에 대한 고객 리뷰 데이터 세트가 있고 챗GPT를 사용하여 리뷰 요약을 생성하고 싶다고 가정해 보겠습니다. 하지만 이 데이터를 챗GPT와 함께 사용하려면 먼저 데이터를 사전 처리하고 형식을 지정하여 모델에 사용하기에 적합한지 확인해야 합니다. 다음은 Python을 사용하여 이 작업을 수행하는 방법의 예입니다:

```python
import pandas as pd
import re

# Load data from CSV file
data = pd.read_csv('reviews.csv')
```

```
# Preprocess data
data = data.dropna()
data['review_text'] = data['review_text'].apply(lambda x: re.sub(r'[^\w\s]','',x))
data['review_text'] = data['review_text'].apply(lambda x: x.lower()) # Convert
all text to lowercase
data = data.reset_index(drop=True)

# Save preprocessed data to new CSV file
data.to_csv('preprocessed_reviews.csv', index=False)
```

이 예제에서는 먼저 pandas 라이브러리를 사용하여 CSV 파일에서 고객 리뷰 데이터를 로드합니다. 그런 다음 누락된 데이터가 있는 행을 제거하고, 리뷰 텍스트에서 공백문자를 제거하고, 모든 텍스트를 소문자로 변환하고, 데이터 프레임의 색인을 재설정하는 등 몇 가지 사전 처리 단계를 사용합니다. 마지막으로 전처리된 데이터를 챗GPT와 함께 사용할 수 있는 새 CSV 파일에 저장합니다.

이는 간단한 예시일 뿐이며, 필요한 구체적인 데이터 전처리 및 서식 지정 단계는 작업하는 데이터의 특성과 챗GPT로 수행하려는 특정 작업에 따라 달라질 수 있다는 점에 유의하세요.

다음은 챗GPT와 함께 사용할 사용자 지정 인터페이스를 구축하는 예제입니다. 고객 지원 챗봇을 위한 고객 문의에 대한 응답을 생성하기 위해 챗GPT를 사용한다고 가정해 보겠습니다. 이를 위해서는 고객 문의를 입력하고 챗GPT로부터 응답을 받을 수 있는 사용자 지정 인터페이스를 개발해야 합니다. 다음은 Python Flask 웹 프레임워크를 사용하여 이를 수행하는 방법의 예입니다:

```
from flask import Flask, request, render_template
import openai
openai.api_key = "YOUR_API_KEY"

app = Flask(__name__)

@app.route('/')
def home():
    return render_template("index.html")

@app.route('/generate_response', methods=['GET'])
def generate_response():
    prompt = request.args.get('prompt')
    response = openai.Completion.create(
        engine="text-davinci-003",
        prompt=prompt,
        max_tokens=120,
        n=1,
        stop=None,
        temperature=0.5
    )
    return "<html>" + response.choices[0].text + "</html>"

if __name__ == "__main__":
    app.run()
```

이 예제에서는 플라스크 웹 프레임워크를 사용하여 고객 문의를 입력하고 OpenAI의 API 서버에서 응답을 받는 사용자 지정 웹 인터페이스를 개발합니다. 홈 함수는 고객 문의를 입력할 수 있는 양식이 포함된 초기 HTML 페이지를 제공하며, generate_response 함수는 양식 데이터를 처리하고 OpenAI API를 사용하여 응답을 생성합니다.

입력 index.html 페이지는 다음과 같은 형태가 될 수 있습니다:

```html
<!DOCTYPE html>
<html>
<head>
    <title>Customer Support Chatbot</title>
</head>
<body>
    <h1>Customer Support Chatbot</h1>
    <form action="/generate_response" method="GET">
        <label for="prompt">Enter your inquiry:</label>
        <input type="text" id="prompt" name="prompt">
        <input type="submit" value="Submit">
    </form>
</body>
</html>
```

이 HTML 페이지에는 고객 문의를 입력하는 양식과 양식 제출을 수신하고 양식 데이터를 /generate_response 엔드포인트로 전송하는 스크립트가 포함되어 있습니다. 서버가 양식 데이터를 수신하면 OpenAI API를 사용하여 챗GPT에서 응답을 생성하고 일반 텍스트로 응답을 반환합니다. 그런 다음 스크립트는 다음 웹 페이지에 응답을 표시합니다.

이것은 챗GPT와 함께 사용할 사용자 지정 인터페이스를 개발하는 방법의 한 가지 예일 뿐입니다. 인터페이스의 구체적인 세부 사항은 특정 요구 사항과 챗GPT로 수행하려는 작업의 성격에 따라 달라집니다.

작업 자동화도 동일합니다. 예를 들어, 고객이 보낸 이메일을 읽고 챗GPT를 사용하여 요약문을 생성한 다음 고객 지원 팀에 요약문들이 포함된 이메일을 보내는 작업 자동화도 Python으로 작성 가능합니다. 이렇듯 프로그래밍 스킬을 육성하면 챗GPT가 잘하는 작업들을 자동화하여 생산성을 극대화할 수 있습니다.

퀵 스타트 가이드

챗GPT는 잘 활용하려면 프롬프트 작성법, 비판적 사고력, 언어 구사 능력, 프로그래밍 기술들을 지속적으로 연마해야 합니다. 학습을 하는 동안, 실제 업무에 바로 쓰기가 쉽지 않습니다. 이때 필요한 것이 내 업무에 딱 맞아 바로 가져다 쓸 수 있는 프롬프트입니다. 하지만 각자의 업무 환경이 조금씩 다르기 때문에 그 많은 업무에 안성맞춤인 프롬프트를 찾기는 어렵습니다. 프롬프트 템플릿은 프롬프트를 찍어내는 원형입니다. 이 템플릿 안에 자신에 맞는 내용을 채워 넣어 자신만의 프롬프트를 만들 수 있습니다.

이 장에서는 챗GPT의 선물을 바로 사용할 수 있는 프롬프트 템플릿들을 제공합니다. 각자의 업무에 맞게 괄호 안의 내용을 수정하면 바로 챗GPT의 프롬프트를 만들 수 있습니다. 결과 확인과 수정을 반복하면 점점 더 좋은 결과물을 얻을 수 있습니다.

템플릿을 사용할 때는 한 프롬프트의 최대 길이가 넘어가지 않도록 주의해야 합니다. 프롬프트 최대 길이가 넘어가는 프롬프트는 실행되지 않습니다.

글 요약 템플릿

아래 템플릿을 사용하면 작성된 글의 내용을 줄여 줍니다. 템플릿을 사용할 때는 요약 글의 사용 목적을 고려하여 톤과 길이를 조절합니다. 원본에 포함된 문맥이 너무 빈약하면 요약 후 길이가 매우 작을 수도 있습니다. 이 템플릿은 동향 보고서를 만들 때 기사를 수집하고 축소하는데 매우 유용합니다.

[요약하려는 글을 붙여 넣습니다]
"당신은 작가입니다. 위 문장들을 읽고 [어투를 적습니다. 예. 구어체] 어투를 사용하여 [요약 후 단어 개수를 적습니다. 예. 100] 단어 이내로 요약해 주세요."

글 병합 템플릿

아래 템플릿은 작성된 글에 새로운 글을 병합합니다. 여러 글에 포함된 문맥들을 합쳐 포괄적인 문맥의 글을 작성할 때 유용합니다. 예를 들어, "무역 적자"로 검색한 기사들을 모아 요약 템플릿을 사용해 100단어로 요약한 후 요약 문장들을 병합 템플릿을 사용하여 작성하면 "무역 적자"란 포괄적인 맥락이 포함된 글을 생성할 수 있습니다.

[원문1을 붙여 넣습니다.]

[원문2를 붙여 넣습니다.]
"당신은 작가입니다. 위 글을 읽고 [어투를 적습니다. 예. 구어체, 문어체] 어투를 사용하여 [단어 개수를 적습니다. 예. 100] 단어 이내로 글을 합쳐서 다시 써주세요"

연설문 작성 템플릿

다음은 챗GPT가 가이드를 기반으로 연설문을 작성하도록 지시하는 데 사용할 수 있는 프롬프트 템플릿의 예입니다. 괄호 안에 적절한 내용을 채우고 답변을 검토하세요. 적절한 예시와 주요 주장을 알아서 생성하라고 지시했습니다.

"당신은 연설문 작성자입니다. [세부 가이드 삽입 예. 짧은 문장 사용] 가이드를 기반으로 [주제를 삽입]에 대한 연설문을 작성하십시오. 연설은 약 [연설 길이. 예 1]분이어야 하며 다음과 같은 요점을 포함해야 합니다: [주요 요점 나열]. 또한 당신의 주장을 뒷받침하기 위해 적절한 예시와 증거를 사용하세요."

메일 쓰기 템플릿

다음은 챗GPT가 불만을 표시하는 고객에게 이메일을 작성하는 데 사용할 수 있는 프롬프트 템플릿의 예입니다.:

"당신은 고객 응대 담당자입니다. [제목]에 대해 [고객 이름]에게 보낼 이메일을 생성하십시오. 전자 메일에는 [전달하려는 주제 목록] 정보가 포함되어야 합니다. 이메일 내내 전문적이고 정중한 어조를 사용하고 고객이 가지고 있을 수 있는 질문이나 우려 사항을 해결하십시오.

이 템플릿을 사용하여 특정 고객의 요구 사항과 우려 사항을 해결하는 이메일을 만들도록 챗GPT에 지시하는 프롬프트를 생성할 수 있습니다. 불만 고객에 대한 메일 작성 목적이 아니라면 프롬프트의 뒤 문장을 수정하면 됩니다.

트렌드 보고서 작성 템플릿

다음은 챗GPT가 트렌드 조사 보고서를 작성하는 데 사용할 수 있는 프롬프트 템플릿의 예입니다:

"[주제를 넣어주세요]에 대한 동향 조사 보고서를 작성해 주십시오. 보고서에는 다음 정보가 포함되어야 합니다: [주요 트랜드 1, 주요 트랜드 2, 주요 트랜드 3]. 주요 동향과 통찰력에 대한 요약을 제공하고, 관련 사례를 사용하여 결과를 뒷받침하십시오.

이 템플릿을 사용하여 특정 주제에 대한 트렌드 조사 보고서를 만들도록 챗GPT에 지시하는 프롬프트를 생성할 수 있습니다. 주제와 주요 트렌드 또는 포함하려는 정보 등 관련 세부 정보를 입력하기만 하면 됩니다. 프롬프트를 생성한 후에는 이 프롬프트를 사용하여 챗GPT의 보고서 작성 프로세스를 안내하고 최종 보고서가 원하는 사양을 충족하는지 확인할 수 있습니다.

홍보 문구 작성 템플릿

다음은 챗GPT가 홍보 문구를 생성하는 데 사용할 수 있는 프롬프트 템플릿의 예입니다:

"당신은 제품홍보담당자입니다. [대상 고객에 대한 설명을 넣습니다. 예. 연령대, 관심사]에 대한 [제품 또는 서비스 이름을 넣습니다]에 대한 홍보 문구를 생성하십시오. 문구는 주의를 끌며 설득력이 있어야 하며 [제품 또는 서비스의 주요 이점과 특징을 나열]을 강조해야 합니다.

이 템플릿을 사용하여 특정 제품이나 서비스에 대한 관심을 끌고 설득력 있는 홍보 문구를 만들도록 챗GPT에 지시하는 프롬프트를 생성할 수 있습니다. 제품 또는 서비스 이름, 주요 혜택 및 기능, 타겟 고객과 같은 관련 세부 정보를 입력하기만 하면 됩니다. 프롬프트를 생성한 후에는 이를 사용하여 챗GPT의 문구 생성 프로세스를 안내하고 최종 문구가 원하는 사양을 충족하는지 확인할 수 있습니다.

엑셀 매크로 작성 템플릿

다음은 챗GPT가 Excel 매크로를 만드는 데 사용할 수 있는 프롬프트 템플릿의 예입니다:

"[기능]을 수행하는 Excel 매크로를 생성하십시오. 매크로는 사용 및 수정이 용이해야 합니다. 매크로 사용 방법에 대한 명확하고 간결한 지침을 제공하고 최신 버전의 Excel과 호환되는지 확인하십시오.

이 템플릿을 사용하여 특정 기능이나 프로세스를 자동화하는 Excel 매크로를 만들도록 챗GPT에 지시하는 프롬프트를 생성할 수 있습니다. 자동화할 기능, 프로세스, 매크로 사용 방법 등 관련 세부 정보를 입력하기만 하면 됩니다. 프롬프트를 생성한 후에는 이 프롬프트를 사용하여 챗GPT의 매크로 생성 프로세스를 안내하고 최종 매크로가 원하는 사양을 충족하는지 확인할 수 있습니다.

파이선 코드 생성 템플릿

다음은 챗GPT가 Python 코드를 생성하는 데 사용할 수 있는 프롬프트 템플릿의 예입니다:

"[기능을 설명합니다]을 수행하는 Python 함수를 [함수명 이름을 적습니다]으로 생성하십시오. 코드는 잘 구성되고 효율적이며 이해하고 수정하기 쉬워야 합니다. 각 섹션이 수행하는 작업을 설명하기 위해 코드 전반에 걸쳐 명확하고 간결한 설명을 제공하십시오.

이 템플릿을 사용하여 특정 기능을 수행하는 Python 코드를 생성하도록 챗GPT에 지시하는 프롬프트를 생성할 수 있습니다. 프롬프트를 생성한 후에는 결과 코드가 원하는 사양을 충족하는지 확인해야 합니다. 문제가 있다면 아래와 같은 템플릿을 사용하여 챗GPT에 문제 수정을 지시하면 됩니다.

[문제 있는 코드 줄을 붙여 넣습니다]에 [오류 메시지를 붙여 넣습니다] 오류가 발생했습니다.

코드 해설문 작성

코드를 설명하는 챗GPT의 원리는 자연어 처리와 딥러닝 기술을 기반으로 합니다. 챗GPT는 대규모 텍스트 데이터 코퍼스를 학습하여 자연어 프롬프트에 대해 사람과 유사한 응답을 생성하는 방법을 학습한 언어 모델입니다.

코드 설명 프롬프트가 주어지면 챗GPT는 자연어 입력을 분석하고 프로그래밍 언어에 대한 지식을 사용하여 코드의 구문, 구조 및 기능을 명확하고 간결한 방식으로 설명하는 응답을 생성합니다. 이 프로세스는 입력 데이터 내의 패턴과 관계를 인식하고 적절한 응답을 생성하는 방법을 학습한 모델의 기본 딥러닝 아키텍처를 통해 가능합니다.

정확하고 유익한 코드 설명을 얻기 위해 챗GPT는 해당 프로그래밍 언어에 대한 포괄적인 이해가 필요합니다. 이는 모델이 언어와 구문의 뉘앙스를 학습할 수 있는 특수 훈련 데이터와 고급 알고리즘을 사용하여 달성할 수 있습니다. 그런 다음 모델은 이러한 지식을 사용하여 사용자가 정확하고 이해할 수 있는 코드 설명을 생성할 수 있습니다.

전반적으로 챗GPT가 코드를 설명하는 원리는 자연어 입력을 분석하고 프로그래밍 언어에 대한 지식을 적용하여 유익하고 정확한 코드 설명을 생성하는 능력에 기반을 두고 있습니다. 이는 고급 알고리즘, 전문화된 학습 데이터 및 딥 러닝 기술의 조합을 통해 이루어집니다.

다음 프롬프트 템플릿에 해설이 필요한 코드를 붙여 넣으면 챗GPT가 자연스러운 문장으로 코드의 기능을 설명합니다. 모르는 코드가 있을 때 혹은 코드에 대한 해설문을 보고서로 작성해야할때 아주 유용합니다.

당신은 프로그래머입니다. 아래 코드를 읽고 해설문을 [설명문의 길이를 적습니다. 예 100] 단어로 설명하세요.
[설명을 듣고 싶은 코드를 붙여 넣습니다]

코드 주석 달기

챗GPT가 프로그램 소스 코드를 분석하는 능력을 응용할 수도 있습니다. 대형 소프트웨어 프로젝트에서는 완료된 코드에 대한 품질 관리가 매우 중요합니다. 종종 유지 보수 단계에서 소스 코드에 문제가 발생합니다. 문제를 추적하고 해결하려면 코드 주석이 상세하게 작성되어 있어야 합니다. 이런 이유로 큰 프로젝트에서는 코드 가독성을 높이는 작업을 위해 코드 개발자와 품질 관리자 모두 주 많은 노력을 들입니다. 챗GPT는 읽기 좋은 주석을 만드는 시간을 획기적으로 줄여 줍니다. 다음 프롬프트 템플릿은 소스 코드의 매 줄마다 주석을 생성하는 예입니다.

너는 코드에 대한 설명을 붙이는 프로그래머다. 각 줄마다 이 줄이 왜 중요한지에 대한 주석을 가진 코드를 다시 작성하라.
[주석을 넣으려는 코드를 붙여 넣습니다]

데이터 분석 요청 프롬프트 템플릿

다음은 챗GPT가 데이터 분석을 요청하는 데 사용할 수 있는 프롬프트 템플릿의 예입니다:

당신은 통찰력 있는 데이터분석가입니다. 다음 데이터 샘플을 분석한 보고서를 작성해주세요.
[샘플 데이터]

이 템플릿을 사용하여 특정 샘플 데이터 세트에 대한 데이터 분석을 아무런 사전 지식이 없이 시작할 수 있습니다. 챗GPT는 알아서 샘플 데이터에 대한 분석 결과를 알려줍니다. 샘플 데이터는 첫 줄에 컬럼 제목을 가진 CSV형태로 제공하면 좋습니다. 샘플 데이터의 컬럼 제목이 구체적일수록 챗GPT는 데이터를 잘 분석합니다.

챗GPT의 분석은 템플릿의 키워드에 따라 다양하게 나타납니다. 분석 결과 안에 있는 분석을 따라하거나 자신의 통찰력을 기반으로 분석 방향에 대한 질문을 챗GPT에 추가 프롬프트로 물어볼 수 있습니다. 이어진 질문과 답변을 통해 분석의 방향을 결정하였다면, 실제 분석을 수행할 코드를 ChaptGPT에게 요청합니다. 예를 들면 **"키 변수와 성적 변수의 상관 분석을 수행하는 Python 코드를 작성해주세요."** 같은 프롬프트를 통해 다음과 같은 코드를 만들 수 있습니다.

```python
import pandas as pd

# Load the data into a pandas DataFrame
data = pd.read_csv('data.csv')

# Select the columns of interest
income = data['height']
grade = data['grade']

# Calculate the correlation coefficient
correlation = income.corr(grade)

print("Correlation coefficient between height and grade:", correlation)
```

생성된 코드를 파이선 개발 환경에서 실행을 통해 검증을 해야 합니다. 실행 오류가 발생하면 오류 라인의 코드와 오류 설명을 함께 프롬프트에 입력을 하면 챗GPT가 수정된 코드와 설명을 제공합니다. 이 설명을 읽고 코드를 수정합니다.

Python 코드를 통해 나온 결과 데이터의 분석도 위의 프롬프트 템플릿을 사용해 챗GPT 프롬프트를 통해 물어 볼 수 있습니다. 이런 반복되는 과정을 통해 데이터를 통해 통찰력을 검증하고 업무에 반영할 수 있습니다.

SQL 쿼리 작성 템플릿

데이터 베이스에 대한 질문을 수행하는 SQL도 챗GPT는 생성이 가능합니다. 아래 템플릿이 있습니다.

아래 데이터세트를 읽고 다음 질문에 답하는 SQL 쿼리를 생성하시오.
table_name: [테이블이름]
[콤마로 분리된 컬럼이름목록]
[콤파로 분리된 샘플 데이터 5개]
질문
 1.   **[SQL 작성을 원하는 질문]**
 2.   **[SQL 작성을 원하는 질문]**

위 템플릿을 사용하여 만든 프롬프트의 예입니다.

아래 데이터세트를 읽고 다음 질문에 답하는 SQL 쿼리를 생성하시오.
table_name: orders
order_id,customer_id,product_id,order_date,quantity,price_per_unit
1,100,50,2022-01-01,2,10.00
2,101,51,2022-01-02,1,20.00

3,102,50,2022-01-03,3,15.00
4,103,52,2022-01-04,2,25.00
5,104,53,2022-01-05,4,5.00
질문
3. 매출을 계산한다.
4. 가장 많은 매출을 낸 고객은 누구인가?

작성된 SQL을 실제 데이터를 보유한 데이터베이스에 넣어 결과를 검증해야 합니다. 검증 결과가 잘못되었으면 챗GPT에 오류를 설명해주고 수정하란 지시를 하면 수정한 SQL문을 생성합니다.

번역 템플릿

챗GPT의 주요 기능은 아니지만 번역을 시킬 수도 있습니다. 다음은 영어를 한국어로 번역하는 템플릿입니다.

당신은 번역 전문가 입니다. 다음 문장 또는 구절을 한국어로 번역하세요. 번역할 때 복잡한 단어나 구문을 사용하지 말고, 가급적 명확하고 간결하게 번역하세요.
[영어문장 또는 구절]

다음은 번역 프롬프트 사용 예입니다. 사용 용도에 따라 지시문안에 있는 내용을 수정하면 됩니다. 온라인에 있는 전문 번역기보다는 성능이 떨어질 수도 있습니다. 초벌 번역의 목적으로는 충분히 활용할 품질로 보입니다.

당신은 번역 전문가 입니다. 다음 문장 또는 구절을 한국어로 번역하세요. 번역할 때 복잡한 단어나 구문을 사용하지 말고, 가급적 명확하고 간결하

게 번역하세요.

[영어문장 또는 구절]

We've trained a model called ChatGPT which interacts in a conversational way. The dialogue format makes it possible for ChatGPT to answer followup questions, admit its mistakes, challenge incorrect premises, and reject inappropriate requests.

[번역]

우리는 ChatGPT라는 모델을 훈련시켰습니다. 이 모델은 대화 형식으로 상호작용할 수 있습니다. 대화 형식을 통해 ChatGPT는 추가 질문에 대답하고, 잘못된 부분을 인정하며, 부적절한 요청을 거부하며, 부적절한 전제를 도전할 수 있습니다.

맺음말

챗GPT는 이미 우리가 일하고, 배우고, 소통하는 방식을 변화시키기 시작한 강력한 도구입니다. 인간과 유사한 언어를 생성하는 능력은 우리 삶의 여러 측면에 혁명을 일으킬 잠재력을 가지고 있습니다.

그러나 챗GPT가 인간의 지능이나 비판적 사고를 대체할 수 없다는 점을 기억하는 것이 중요합니다. 귀중한 통찰을 제공하고 창의적인 아이디어를 창출할 수는 있지만, 그 결과를 의미 있게 해석하고 적용하는 것은 궁극적으로 우리의 몫입니다.

챗GPT를 일상 생활에 계속 통합해 나가면서 그 기능과 한계에 대한 정보를 계속 파악하는 것이 중요할 것입니다. 이를 통해 지나친 의존이나 맹목적인 신뢰의 함정을 피하면서 잠재력을 최대한 활용할 수 있습니다.

동시에 우리는 우리 자신의 기술과 전문성을 지속적으로 개발하고 개선해야 합니다. 챗GPT는 풍부한 정보와 통찰을 제공할 수 있지만, 이러한 지식을 의미 있고 효과적인 방식으로 적용하는 것은 우리의 몫입니다.

챗GPT의 가장 흥미로운 측면 중 하나는 장벽을 허물고 협업과 혁신의 새로운 가능성을 열어주는 능력입니다. 자연어 생성 기능을 활용하면 다양한 배경과 문화를 가진 사람들과 더욱 효과적으로 소통할 수 있고, 더 넓은 범위의 관점과 아이디어를 활용할 수 있습니다.

미래를 내다볼 때 챗GPT는 우리가 생활하고 일하고 상호 작용하는 방식을 형성하는 데 계속해서 중심적인 역할을 할 것임이 분명합니다. 그 잠재력을 활용하고 이를 통해 더 나은 세상, 더 연결된 세상을 만드는 것은 우리의 몫이 될 것입니다.

따라서 미래를 바라볼 때, 인간 지능과 비판적 사고의 중요성을 잊지 않고 챗GPT 및 기타 새로운 기술의 잠재력을 포용합시다. 그렇게 함으로써 우리는 그 어느 때보다 더 스마트하고, 더 연결되고, 더 자비로운 세상을 만들 수 있습니다.

챗GPT가 가져올 변화의 물결은 당장 눈에 보이지 않을 수도 있지만, 그 영향은 사회 곳곳에서 느껴질 것입니다. 그러니 우리를 인간답게 만드는 인간의 가치와 자질을 놓치지 않으면서 그 잠재력을 활용할 수 있도록 준비합시다. 우리는 함께 진정으로 기대할 만한 가치를 지닌 미래를 만들 수 있습니다.

챗GPT에 대해 책을 쓰면서 세상이 많이 바뀌겠구나 생각이 들었습니다. 지금 당장 효용을 느끼지 못한다고 해도 계속 관심을 가지고 사용을 하실 것을 권장 드립니다. 화이트칼라가 아니라도 실생활에서도 직접 활용이 가능합니다. 요리 레시피 생성도 아주 잘해줍니다. 어려운 철학 책을 읽을 때에 옆에 두고 모르는 부분을 질문하면 척척 대답해줍니다. 활용법이 무궁무진합니다. 꼭 사용해보세요.